Breve Historia
de los Celtas

Manuel Velasco

Colección: Breve Historia (www.brevehistoria.com)
Director de la colección: Juan Antonio Cebrián
www.nowtilus.com

Título: *Breve Historia de los Celtas*
Autor: Manuel Velasco
© 2004 Ediciones Nowtilus, S.L.
Doña Juana I de Castilla 44, 3º C, 28027 Madrid

Editor: Santos Rodríguez
Responsable editorial: Teresa Escarpenter

Diseño y realización de cubiertas: Carlos Peydró
Diseño de interiores y maquetación: Grupo ROS
Producción: Grupo ROS (www.rosmultimedia.com)

ISBN: 84-9763-241-9
Depósito legal: M. 41.987-2005
EAN: 978-849763241-6
Fecha de edición: Noviembre 2005

Printed in Spain
Imprime: Imprenta Fareso, S.A.

Índice

Prólogo

Juan Antonio Cebrián presenta

Breve historia de los Celtas

Manuel Velasco no sólo es el primer autor español que se integró en la colección Breve Historia con su obra sobre los vikingos, que ahora cabalga gozosa por territorios norteamericanos, sino que también ha sido pionero en hacer doblete literario para nuestra selección de títulos históricos. Ahora, nos invita a conocer los celtas, esa civilización tan vital para la historia de Europa y que arraigó como pocas en los corazones pertenecientes a pobladores de casi veinte países modernos. Según los investigadores más rigurosos, el mundo proto-celta afloró en las estepas rusas hace unos 3.000 años. Por tanto, mientras aún resonaban los ecos de Troya y un tal Homero escribía la épica de dicho acontecimiento, nuestros amigos celtas se asentaban en Hallstat(Austria), ofreciendo los primeros esbozos sobre una cultura llamada a perdurar. Más tarde, coincidiendo con las grandes hazañas protagonizadas por Alejandro Magno, esta etnia que teñía de azul sus cuerpos para la guerra, alcanzó una plenitud poco usual en aquellos tiempos inciertos. Sólo un imperio como el romano pudo sojuzgar el ánimo de estos indómitos guerreros amantes de la libertad, aunque no sin sangriento esfuerzo, pues los héroes celtas supieron poner en jaque, cuantas veces se dio la oportunidad, a los dueños del mundo antiguo. En este libro, el lector se encontrará con narraciones absolutamente reveladoras sobre estas tribus a las que algunos tacharon, injustamente, de bárbaras. Asimismo, descubriremos los secretos de su panteón místico, las acciones que dominaban el ámbito cotidiano y, en definitiva, la forma de entender la existencia de unas gentes abrazadas al amor por la naturaleza y a un profundo respeto por el plano sobrenatural. Visitaremos, gracias al saber recopilado por Velasco, países y tradiciones que modelaron el sentir celta: Austria, Suiza, Francia, Bélgica, España, Reino Unido....incluso la bella Irlanda, isla que contuvo el avance romano, evitando ser impregnada de ese modo, por las influencias latinas. Todo mientras suenan instrumentos tradicionales al calor de símbolos que aún hoy provocan la admiración de los curiosos. Los celtas no son solo Stonehenge, Carnac o sacerdotes druidas al estilo Merlín, son también la fuerza de caudillos como Viriato y Vercingétorix o el temor a los Finisterre con su impenetrable bruma. Le sugiero la posibilidad de adentrarse cuál niño ávido de conocimientos en la mitología, tradiciones e historia de nuestros ancestros más bravos. Les aseguro que leyendo este libro no quedarán defraudados y obtendrán una visión real de lo qué supusieron estos europeos antiguos para la identidad singular del continente europeo. Los propios Asterix y Obelix, —fieles representantes de los galos, el grupo céltico más numeroso— estarían muy orgullosos tras leer esta obra de Tutatis Velasco.

Primera parte

Céltica

1

Introducción
a la Historia Celta

Cientos de pueblos figuran en la historia de la humanidad. El tiempo terminó por devorarlos a todos, para poner en su lugar a otros que tarde o temprano tendrían el mismo final. Unos han construido civilizaciones milenarias cuyo eco perdura y otros han pasado por un camino lateral de la Historia, sin hacer ruido ni dejar rastros.

Como proyección de todo esto tenemos el tiempo actual; nosotros mismos como extremos de unas líneas genealógicas que se ramificaron hasta lo imposible siguiendo el impulso innato por la supervivencia.

El mundo siempre ha sido un crisol de miles de pueblos que se conocieron a través de vecindades, migraciones, enlaces, guerras, exilios, fusiones. El aislamiento genético no parece que sea connatural al espíritu humano.

¿Por qué entonces esa obsesión por el celtismo a lo largo y ancho del mundo, sólo comparable con la egiptología o el mundo clásico, pero no entendido como algo del pasado sino como parte de una cultura que aun está viva después de que fuese aplastada y suplantada hace siglos por otros pueblos que resultaron más poderosos?

El druidismo, muerto y enterrado, renace como una filosofía aplicable a una vida que nada tiene que ver con la que le dio sentido. Los símbolos celtas, poco o mal entendidos, cuelgan de cuellos y adornan camisetas. Las historias que se rescataron del olvido siguen fascinando a las nuevas audiencias. Un coleccionista de música celta puede tener grabaciones procedentes de una veintena de países distintos.

Y todo esto no ocurre con las culturas hitita, iliria, ligur, íbera, tartesa, fenicia, etrusca. Todas ellas fueron grandes y trascendentes, pero su tiempo pasó definitivamente. Los museos y los libros o las webs de historia son su presente. Nadie les concede esa «nueva vida» que, al modo del ave fénix, gozan los celtas.

Ahora bien, ¿quiénes deberían considerarse celtas? ¿Sólo los que viven en los lugares que algunos consideran como únicas naciones celtas (las que tienen o han tenido hasta fechas más o menos recientes idiomas gaélicos) o los que lo viven en regiones que con un pasado remoto o con una forma de vida que podría asociarse con el celtismo? ¿O puede extenderse a todo aquel que lo siente en su corazón?

Por un lado están esos finisterres europeos que supusieron los últimos bastiones de aquel pueblo, pero en Italia se celebran docenas de festivales celtas cada verano; en los museos alemanes o checos se encuentra algunos de los mejores objetos arqueológicos; a una región de Canadá tuvieron que acudir músicos irlandeses y escoceses para aprender algunas músicas tradicionales que habían llegado a perderse totalmente en sus tierras; en Argentina hay comunidades galesas o gallegas que han mantenido la lengua y el folclore de sus tierras de origen; cada solsticio de verano, Stonhenge es invadido por miles de personas que tal vez esperen un prodigio, mientras que el antiguo Samhain, trasformado en Halloween, da color al sopor otoñal. Algunos discos de música celta llegan a superventas y festivales como Ortigueira o Lorient son multitudinarios.

A estas alturas, nadie puede pedir pureza céltica, cuando los propios celtas históricos no la tuvieron, como atestiguan las tumbas de Hallstat. Podría decirse que lo que más ha perdurado de lo celta es una forma de entender la vida y sobre todo la muerte. Un mundo materialista necesita agarrarse a ciertos salvavidas para no hundirse, y la mítica y la mística celtas han resultado ser muy eficientes.

HALLSTAT Y LA TENE

A falta de tener alguna incuestionable evidencia del origen exacto de los celtas, hay que echar mano de los dos focos de influencia desde donde se fue difundiendo este pueblo a lo largo y ancho de Europa.

Las minas que algún pueblo neolítico habría puesto en marcha siglos antes, fue el elemento natural determinante para que se asentase y prosperase en Hallstat, en la actual Austria, una comunidad (que tal vez procediese de lo que hoy llamamos estepas rusas y que podríamos llamar precelta), entre los siglos VIII-V a.C.

Aparentemente hubo en Hallstat dos grandes grupos diferenciados. Uno, perteneciente a la Edad del Bronce, que incineraba a sus muertos, guardando sus cenizas en urnas. Otros, ya en la Edad del Hierro, que los enterraban. Y no parece que se produjese un cambio brusco de costumbres, ya que hay un amplio periodo en el que se usaron ambas.

La separación de las ruedas de los carros celtas sirvió durante milenios como patrón para trazar el ancho de los caminos e incluso de las vías férreas: 1.435 mm

Otro cambio en las tumbas es el paso del carro de cuatro ruedas al de dos.

La explotación a gran escala de estas minas de sal —en la región que actualmente se llama Saltzberg (Montaña de Sal), cerca de Salzburgo (la Ciudad de la Sal)— fue una aportación crucial a la vida cotidiana de los pueblos con los que mantuvieron contactos comerciales (al norte, godos y proto-escandinavos; al sur, griegos y etruscos), ya que, además de su utilidad para curtir pieles, posibilitaba la conservación de la carne y el pescado durante largos periodos de tiempo. Hasta tal punto fue importante que la palabra salario proviene de la sal usada como pago por un trabajo.

Pero no menos importante fue su pericia metalúrgica en la elaboración de herramientas, armas y joyas, primero

Los objetos de lujo (como los que podemos ver hoy en día en muchos museos) estaban expresamente hechos para ser regalados, quedando el receptor en la obligación de devolver algo de la misma categoría. También para ser ofrendados a las divinidades acuáticas, bien fuera por su legítimo dueño o como fruto de un botín de guerra.

en bronce y más tarde en ese metal que revolucionaría a toda la civilización humana: el hierro. A Europa llegó bastante tardíamente, ya que en oriente, tanto chinos como hititas llevaban usándolo alrededor de un milenio. En cualquier caso, los celtas aportaron a Europa una auténtica revolución tanto en el ámbito militar como en el agrícola y en el artesanal.

Tras tres intensos siglos, a la cultura de Hallstat le sucedió la de La Tene, a la que también se llama Segunda Edad del Hierro. Como ocurre en estos casos, hubo un periodo en que ambas culturas convivieron, hasta que la segunda terminó por implantarse. El centro de este nuevo periodo se desplaza hasta la actual Suiza, a orillas del lago Neuchatel.

El arado y la guadaña supusieron la gran revolución para la agricultura europea, como lo fueron los salazones o el molino rotatorio en la alimentación. Las nuevas armas, más baratas y fuertes, y las llantas para las ruedas o las herraduras para los caballos facilitarían las grandes oleadas de expansión, en todas direcciones, hacia nuevas tierras, donde las diversas tribus construyeron poblados de considerable tamaño, compuesto por campesinos armados, en el que figura real solía estar sustituida por un consejo de ancianos o una nobleza guerrera que elegía a un jefe entre ellos.

Estamos entre los siglos IV y III a.C. La civilización celta brilla en todo su esplendor. Es esa especie de Edad de Oro que sería recordada con nostalgia en muchos de sus mitos posteriores, cargada de heroísmo y magia. Aparte de los relatos, tergiversados por el tiempo y las traducciones, lo único que sabemos de su forma de vida es lo que se refleja en los restos arqueológicos y algunas pocas crónicas de quienes los vieron de lejos, sin comprenderlos e incluso despreciándolos por «bárbaros». Pero también es el comienzo del lento pero ineludible declive que culminará cuando Roma mande contra ellos sus legiones.

Pero entremedias, hubo dos sucesos relevantes:

ROMA Y DELFOS

Los celtas entraron definitivamente en la historia gracias a dos acontecimientos separados entre sí poco más de un siglo: los saqueos de Roma y Delfos. Y parece que ambos se originaron en un punto común: los biturgios, tribu de rimbombante nombre (los «reyes del mundo») que habitaba en el centro de Europa y de las que se conoce el nombre de su rey más importante: Ambigato.

Ambos grupos, que realmente están formados por gentes de distintas tribus, tomaron caminos distintos, uno hacia la península itálica y otro hacia el oeste, cruzando el Rin. ¿Qué llevó a aquellos considerables contingentes a marchar tan lejos de sus tierras, adentrándose en terreno desconocido? El motivo más coherente es el crecimiento excesivo de población para los recursos con que contaba la tribu y por lo tanto fue un viaje de colonización en toda regla.

COLECCIONISTAS DE CABEZAS

Las cabezas cortadas eran el trofeo de guerra más precia do entre los celtas. Regresaban con las cabezas adornando los carros, ensartadas en lanzas e incluso colgando de los cinturones. Después pasaban a formar parte de la decoración de la casa o del poblado.

No era una simple «cosecha de cabezas». Al considerarlas como residencia del alma, eran cortadas antes de que el espíritu abandonara el cuerpo, por lo que no eran simplemente un trozo de carne y hueso, sino un objeto mágico. El espíritu del vencido debía proteger a aquel que de algún modo era su dueño.

Podría decirse que había una auténtica fiebre de coleccionistas y era un gran motivo de orgullo poseer «ciertos ejemplares», como podían ser grandes guerreros o reyes de especial importancia. Eran una de las cosas que se mostraba a los invitados y que incluso llegaban a embalsamar de manera rudimentaria con el caro y escaso aceite de cedro (árbol endémico del Líbano) o en orzas de miel.

Contra más valor y fama haya cosechado el enemigo, más poder se atribuía a su cabeza. Era una manera de reconocer la importancia del guerrero, un homenaje que no merecía otro tipo de personas. Pero el poseedor tenía el poder mantener aprisionado al espíritu de su oponente vencido. Era el precio de la derrota.

Diodoro escribió: *Cortan las cabezas de los enemigos muertos en la batalla y las cuelgan de los cuellos de sus caballos… Embalsaman en aceite de cedro las cabezas de sus*

Actor callejero en Edimburgo mostrando las aficiones coleccionistas de sus antepasados.

> enemigos más distinguidos y las guardan cuidadosamente en una caja, enseñándolas con orgullo a los visitantes, diciendo que por esa cabeza uno de sus antepasados, o su padre, o el propio individuo rehusó el ofrecimiento de una gran suma de dinero, dicen que algunos de ellos se vanaglorian de haber rehusado el peso de la cabeza en oro.

Cada grupo va a su propio ritmo, ya que, tal como hacían las tribus celtas cuando iban a la guerra (y con mayor motivo si se trata de un viaje migratorio) los formaban algo así como ciudades andantes, con hombres, mujeres y niños, acompañados de sus animales y carretones que cargaban todas sus propiedades, cruzando altas montañas o grandes ríos y enfrentándose a los pueblos que les saliesen al paso con hostilidad. Eso suponía grandes campamentos que necesitaban una enorme cantidad de comida y bebida. Bien se hubiera podido seguir su rastro incluso meses después de su paso.

El grupo que traspasa los Alpes está mejor documentado, ya que funda ciudades en torno al valle del Po, algunas de las cuales aun perduran. Es una buena tierra y la prosperidad hace que las tribus crezcan y que necesiten más espacio. Los etruscos son las primeras víctimas, hasta el punto que deben pedir ayuda a los romanos para defenderse.

La primera gran batalla tiene lugar en las proximidades del río Alia; será el primer encuentro entre dos pueblos que pasaran siglos enfrentados entre sí. La victoria celta es absoluta; para los romanos quedará el maléfico recuerdo de los *dies alliensis*.

A Roma, gritó el jefe galo Brennos, según nos dejó escrito Tito Livio. Y tres días después ya están a las puertas (abiertas) de la sagrada capital de los latinos, que compartían la península itálica con etruscos y ligures.

En tres días más, la que sería llamada «ciudad eterna» es suya. Sigamos escuchando a Tito Livio: *Una empresa que les resultó sencilla, ya que se enfrentaron a ejércitos amedrentados. El simple hecho de cruzar las armas con semejante enemigo ya provocó la desbandada incluso de los oficiales.*

La gran ciudad queda prácticamente abandonada; sólo permanecen los que no tienen otro sitio a donde ir o aquellos con tanta dosis de orgullo como para mostrar así su desafío a los invasores. Sólo la colina del Capitolio, de las siete que componen la ciudad, queda libre. Una leyenda cuenta que las ocas que por allí vivían alertaron una noche con sus graznidos a quienes se protegían en el interior.

Es el 390 a.C. Año grabado con sangre y fuego en la historia de Roma. Pánico tenían que sentir los romanos cada vez que alguien mencionaba a los galos (y, por extensión, a todos los *celtici*), que fueron los nombres que ellos les dieron.

Pero, tras siete meses de ocupación y saqueo continuos, la falta de previsión y de organización tan propia de los celtas hace que falte la comida. Roma, al contrario que sus ciudades, no es autosuficiente. A esto se añade una infección de disentería, que sería tomado como un aviso o castigo de los dioses.

De haber tenido otro sentido de la vida y otro tipo de organización social (y de no haber estado inmersos ya en la espiral de decadencia), los celtas habrían hecho de Roma el centro de su mundo y nadie hubiese sido un rival a su altura durante siglos. Los romanos hubieran sido un pueblo de orden secundario y Europa habría sido completamente celta; al menos hasta que los germanos cruzasen el Rin.

Pero, eran celtas. Se retiraron sin más de Roma a cambio de un botín suficientemente cuantioso.

De todas formas, aquel suceso marcaría su futuro, ya que desde entonces todos los políticos y militares romanos

El mismo año de la victoria en Telamon, los romanos copiaron la escultura griega llamada «El galo moribundo» (actualmente en el Capitolio) que conmemoraba la victoria de Atalo, rey de Pérgamo. Todo un símbolo: era posible vencer a aquellos terribles keltoy o celtici, incluidos los gaesatae que, al combatir desnudos, provocaban mayor temor. Eso sí, el guerrero se recuesta sobre su escudo, para no morir sobre territorio extranjero.

Guerreros Desnudos

Algunos cronistas escribieron sobre los guerreros celtas que combatían completamente desnudos, tal como nos ha legado cierta iconografía etrusca, griega y romana. A estos se les llamaba *gaesatae* (nombre que deriva de *gae*, lanza), y bien pudieran ser una clase especial de guerreros que recibían una formación militar especial que les imbuía una ética de combate en la que enfrentarse a cuerpo limpio venía a ser un símbolo de estar cubierto por la protección de los dioses. Eso, lejos de inferirles algún tipo de fragilidad, ya infundía miedo en el enemigo nada más pasado el momento de curiosidad.

Así aparecieron en batallas recogidas por historiadores, como la de Cannas o la de Telamon, en el norte de Italia. O en el saqueo de Roma o en Asia Menor. Tal muestra nudista al parecer se reservaba exclusivamente para la guerra, a tenor de la piel extremadamente blanca con que son descritos.

Polibio los describió en primera línea de la batalla de Clastidium (222 a.C.): *Eran aterradores los gestos y la apariencia de los guerreros desnudos de la vanguardia. Todos fascinantes hombres en la flor de la vida, perfectamente constituidos y que, con su virilidad en alto y adornados con torques y brazaletes de oro, presentaban batalla.*

El romano Tito Manlio «Torcuato» recibió su apodo tras vencer en un combate singular a un galo que lo desafió desnudo y quedarse con su torque como trofeo.

Algunos historiadores señalan también el factor médico de la desnudez del guerrero: evitar las infecciones que pudieran provocar los restos del tejido incrustados en una herida. Claro que, aun sin desnudarse, antes de un enfrentamiento, los guerreros celtas solían adelantarse para mostrar sus atributos sexuales al enemigo, mientras alardeaba de su historial bélico y les insultaba.

miraron hacia el norte con cierta aprehensión mientras continuaban sus conquistas mediterráneas.

Tuvo que pasar siglo y medio para que comenzase la venganza romana. La primera gran victoria ocurrió en Telamon. Una carnicería donde murieron cerca de cien mil hombres, la mayoría de ellos romanos. Tal vez llamasen a aquello «victoria pírrica», ya que la batalla ganada por Pirro de Epiro tuvo lugar unos veinte años antes y debía ser frecuente esa denominación. Pero su triunfo mereció la pena y Roma fue testigo de la llegada de ocho mil celtas encadenados. Aquel rearme de valor daría sus frutos. Es el 255 a.C.

Hagamos un salto en el espacio y en el tiempo: Delfos, 278 a.C.

Aproximadamente un siglo después del saqueo de Roma, los griegos también conocieron el terror *keltoy*, que así es como ellos los llamaron ellos.

Se da la curiosa circunstancia de que este grupo también está dirigido por alguien llamado Brennos. Como la diferencia temporal es aproximadamente de un siglo, cabe pensar que tal nombre, relacionado con los cuervos, fuese más bien un título o un apodo relativo a la misión que tuvieron que cumplir, seguramente siguiendo el mandato divino recogido en el augurio de un druida.

Escuchemos a Pausanias: *Combaten con la desesperación del jabalí herido, que aun teniendo el cuerpo cubierto de flechas, sigue buscando a su enemigo… Les he visto incorporarse en la agonía, intentar seguir peleando para finalmente morir de pie.*

Muere Alejandro Magno, con el que tenían un tratado de amistad y se pone en marcha aquella tremenda tropa de diez mil hombres (acompañados de mujeres y niños) que han cruzado media Europa, bajando por el valle del Danubio (nombre celta) y atravesado los Balcanes a pie y a caballo. En Macedonia se produce el primer gran enfrentamiento contra el rey Ptolomeo Kerauno, sucesor de Alejandro, que muere en el combate.

Parece que allí hubo alguna escisión en el grupo, pero el grueso de la expedición continúa hacia su destino: el oráculo de Delfos, una cueva natural donde desde tiempos inmemoriales los peregrinos dejaban valiosas ofrendas a cambio de una respuesta del espíritu que allí moraba. Salvo que por aquel tiempo no debía haber mucho oro, ya que los focios se habían adelantado a los celtas setenta años antes, pero eso Brennos no lo sabía. Poca resistencia tiene que vencer aquel ejército, que arrasa todo cuanto encuentra a su paso, como una marabunta.

Brennos y los suyos no pueden evitar las carcajadas ante la estatua de Júpiter. ¿Cómo pueden los griegos representar a un dios con rasgos humanos y además encerrarlo en un templo? Para los celtas los dioses son energías, fuerzas abstractas de la naturaleza y del cosmos, cambiantes como lo es la vida, a los que se rinde culto en medio de los bosques. ¿Cómo darles una forma humana y además única?

Pero a esos dioses tan humanizados parece que no les hace ninguna gracia el que estos extranjeros violen un espacio sagrado y el castigo no se hace esperar. Mientras buscan el oro del oráculo, que bien podía ser más metafórico que físico (la experiencia mística que aquel lugar tan especial proporcionaba bien podía ser considerada tan valiosa como el oro), comienza la ofensiva divina. Unos lo llamarán mala suerte, otros el destino, otros una especie de maldición que arrastra el pueblo celta según la cual el ganar siempre supone perder.

Un terremoto y una gran nevada deciden su derrota. Los elementos naturales extremos o especiales eran tomados como una forma de expresión de los dioses. Además, los guerreros tienen pesadillas que les impulsan a matar a sus propios compañeros pensando que son enemigos. Por si fuera poco, Brennos cae herido. Humillado por los dioses a los que ha ofendido, regresa al campamento. Ante la insoportable impotencia de no poder hacer nada cuando había llegado tan lejos salvando todo tipo de obstáculos, asume la responsabilidad de los líderes celtas, reconoce que es él quien se ha equivocado y es él quien debe pagar esa deuda sagrada con su vida: se suicida ritualmente.

A partir de entonces, los griegos tuvieron algo más que celebrar: la *Soteria* o fiesta de la Salvación. Por su parte, los celtas perdieron otra gran oportunidad histórica. La civilización griega podría haber evolucionado de otra manera contando también con el componente celta entre los muchos que tuvo.

A falta de un gran líder que les marcase otro gran objetivo, los restos del contingente se desmantelaron. Algunos de aquellos celtas se convertirían en mercenarios para fenicios, sirios o egipcios. Algunos historiadores piensan que otro importante colectivo debió internarse en el corazón de Asia, donde hay leyendas y tumbas de pueblos blancos.

Otros continuarían viaje hasta el centro de la actual Turquía, como mercenarios de Nicomedes de Bitinia, que les cedió las tierras donde fundaron la Galacia y fueron conocidos como gálatas (citados en la Biblia). Fundaron Ancyra (actual Ankara) y estuvieron divididos en tres tribus con un punto sagrado común: Drunemeton, cuyo nombre indica que, además de ser un punto de encuentro para ciertas ceremonias comunes, también pudo ser un santuario druídico. Un cronista griego describió un sacrificio masivo de prisioneros de guerra. Su idioma perduraría hasta el siglo IV a.C.

2

La historia Celta a través de tres héroes

En esta parte vamos a ver un panorámica de la historia de lo que podría haberse llamado Céltica a partir de tres personajes cuyos nombres han traspasado las fronteras del tiempo, permaneciendo como los héroes por excelencia de los países y pueblos que les sucedieron: Viriato (península Ibérica), Vercingetórix (Francia) y Boudicca (Inglaterra).

Los tres casi tienen vidas paralelas, ya que les correspondió intentar salvar a sus respectivas tierras enfrentándose al invasor romano, que finalmente los venció. Los tres tuvieron muertes trágicas y, tras haber sido considerados enemigos de Roma, que no escatimó esfuerzos en eliminarlos, recibieron cierta compasión por parte de los historiadores posteriores, que acabaron convirtiéndolos en «los admirados héroes vencidos».

Viriato y la Península Ibérica

Año 139 a.C.

¿Cuál sería el último sueño de Viriato? Sin duda se consideraba a salvo aquella noche, entre la paz resultante de un periodo de negociaciones con el cónsul Cepión.

25

Habían pasado ocho años de cruenta guerra en los que el enemigo llegaba cada año desde Roma con tropas de refresco y recursos ilimitados. Sin duda sentía el «cansancio de la guerra», como lo tuvieron que sentir sus hombres.

El día anterior hubo motivos de júbilo. Los delegados habían regresado del campamento romano con buenas noticias. Era posible acabar de manera digna con aquella maldita guerra que había ocasionado tanta muerte y destrucción. Ni los más viejos habían nacido cuando llegaron los primeros romanos.

De haber habido un druida en el campamento, seguro que podría haber vaticinado la tragedia en el vuelo de los pájaros cuando se retiraban a sus nidos o en el ulular de los búhos cuando ocupaban su espacio en la oscuridad.

Viriato es asesinado mientras duerme. Se cierra un ciclo de veinte años que fueron calificados por algunos historiadores romanos como «la guerra de fuego», en la que de cada pequeña ascua podía surgir un enorme incendio. Pero con él también muere el sueño de mantener la independencia de ese territorio que los romanos llamaron Lusitania, aunque la lucha de Viriato no estuvo limitada por fronteras.

Después le tocaría el turno a las zonas del norte de aquella península que llamaron Hispania y que resultó ser el lugar donde más tiempo se mantuvo la resistencia contra la Roma invasora –a lo largo de dos siglos– y donde más derrotas le hicieron sufrir.

Veamos ahora los antecedentes.

Celtiberia

Parece ser que llegó a haber un centenar de tribus distintas en la península que los fenicios llamaron Ispan, los griegos

Iberia o los romanos Hispania. No sabemos si aquellos pueblos tenían un nombre para este extenso territorio, aunque, dado la poca propensión que tenían a uniones más allá de las meramente tribales, es fácil suponer que no.

Para los intereses de este libro, vamos a fijarnos principalmente en una zona entre los valles de los ríos Duero y Tajo, poblada desde el oeste por los lusitanos y hasta el este por los lusones, teniendo en medio a vettones, vacceos, arévacos, belos, titos, carpetanos, berones, pelendones. También hubo algunos otros pueblos que apenas dejaron algo más que el recuerdo de su nombre, como olcades, lobetanos o turboletas. Seguramente el nivel de mezcla con los íberos, que permanecieron en el área mediterránea, estaba directamente relacionado con su proximidad geográfica.

No todos los historiadores se muestran de acuerdo a la hora de llamar celtas a todos estos pueblos, aunque sí que pertenecían a la gran familia indoeuropea, por lo que los más antiguos podrían ser denominados proto-celtas (tal vez los escitas nombrados en el *Libro de las Invasiones de Irlanda*). Así que, a falta de información más precisa, los llamaremos celtas o mejor celtíberos, por las connotaciones diferenciadas que estas comunidades tuvieron respecto a otros pueblos célticos de Europa.

Desde las remotas raíces y a lo largo de siglos fueron entrando a través de los pasos de ambos lados de los Pirineos. Incluso hubo una migración de galos en un tiempo tan tardío como el de Julio César. No es posible establecer el orden de llegada ni el nivel de mestizaje que unos y otros alcanzaron con los pueblos íberos o los célticos anteriormente establecidos (o el que ya trajesen de uniones previas, ya que en la Galia hubo celto-ilirios o celto-ligures). Es obvio que la forma de vida se tuvo que alterar considerablemente, sobre todo la de aquellos que se vieron desplazados o los que debieron continuar su migración hacia lugares más inhóspitos donde tuvieron que adaptarse a una vida muy dura.

Sí se sabe que la llegada de los pueblos célticos al valle del Duero supuso cambios radicales en la forma de vida de la Península Ibérica, ya que el intenso comercio entre norte y sur se interrumpió. Las últimas oleadas celtas necesitaban los minerales que salían de las minas del norte tanto para sus armas (espadas, puntas de lanza), como sus herramientas (arados, guadañas) o sus joyas (torques, fíbulas). El hierro supuso un gran paso frente al bronce, no sólo por su dureza sino porque no precisaba mezclar elementos de dos minas distintas, que además no solían estar en el mismo territorio.

Los turdetanos, sucesores de la antigua civilización de Tartessos, y sobre todo los mercaderes fenicios fueron los más perjudicados, tras siglos de mantener una rutina comercial con las tribus del norte desde sus ciudades y puertos del sur sin demasiados sobresaltos. La que después se llamó Vía de la Plata (que unía el norte y el sur de la península) fue un camino muy transitado desde mucho antes que llegasen los romanos, que la pavimentaron y la renombraron.

Trigo y ovejas

Las tribus celtibéricas basaban su economía en la agricultura y la ganadería. Al parecer, la excepción estuvo en los vettones, que eran el pueblo más imbuido en la vida guerrera que suele considerarse como el prototipo celta. Fueron

Los romanos dejaron escrito que había 1000 ciudades en Hispania, aunque no se sabe qué criterio seguían para denominarlas así. Algunas de los más importantes oppida *o poblados fortificados de Celtiberia fueron las actuales Palencia (Pallantia), Burgos (Blunia), Zamora (Ocelo), Sigüenza (Segontia) y Salamanca (Helmántica). Otras serían totalmente destruidas, como Arbocola, por parte de Aníbal, o Numancia, por parte de los romanos. Todas estaban unidas por rutas comerciales por medio de caminos y ríos. (Salamanca).*

algo así como los mafiosos de la época: defendían de enemigos reales o imaginarios a los poblados de pastores y agricultores a cambio de que los mantuviesen.

Actualmente pueden encontrarse sus restos en la provincia de Ávila, como los castros de las Cogotas, Ulaca o El Raso, y una de las mayores necrópolis celtas de Europa o un altar de sacrificios. También la llamada sauna de la citada Ulaca, que debió usarse para rituales especiales de purificación tanto en ritos de pasaje como para los jefes militares antes de emprender o al regresar de una campaña.

Los vacceos ocuparon grandes extensiones de este territorio y eran un pueblo muy especial, que en muchos aspectos recuerdan a los celtas de la cultura Hallsttat. Básicamente agricultores (cereales) y ganaderos, pero no guerreros (hasta que los obligó la necesidad). Para las funciones defensivas rutinarias utilizaban mercenarios de tribus vecinas vettonas, con las que mantenía buenas relaciones comerciales basadas en sus abundantes cosechas. Estaban regidos por un Consejo de ancianos que repartía entre sus habitantes las tierras de cultivo comunales y los animales que debían cuidar durante un tiempo determinado. Parece ser que de los campos se ocupaban las mujeres, mientras que a los hombres correspondía el cuidado de los animales. Los cereales eran mantenidos en una especie de silos fortificados, cuya defensa correspondía a todos.

En las viejas leyendas se cita la importancia del ganado en la península Ibérica, con los toros rojos de Gerión, robados por Herakles. Por eso, no resulta muy arriesgado suponer que las rutas trashumantes ya estaban establecidas cuando llegaron las primeras oleadas celtas que se asentaron en la meseta castellana.

La mezcla de culturas y la importancia del ganado también se manifestó en los verracos, figuras zoomorfas (toros, jabalíes) muy esquemáticas y con pocas intenciones figurativas, muy alejadas del estilo practicado por los iberos en aquellos tiempos. Son de una sola pieza de granito, incluida la peana.

Estos verracos están fechados en torno al siglo V y IV a.C. y se les ha encontrado al lado de ríos y manantiales o en las cañadas por donde pasaba el ganado, por lo que bien pudieran ser una forma de señalizar o delimitar los lugares considerados sagrados, tal vez donde los pastores encontraban

Dioses celtibericos

A nivel religioso, los celtas de Iberia también mezclaron, en su previo largo viaje y en su asentamiento, a sus dioses con los de los nativos, tal como otros pueblos célticos hicieron en otros lugares de Europa, por lo que encontramos muchos nombres que no se corresponden con ningún otro.

Los dioses de los que se tiene constancia básicamente son aquellos que fueron citados en inscripciones de la época romana, como Dulovius, dios del ganado, Corio y Neto, dioses de la guerra, Endovelico, dios de los muertos, o las diosas Ataecina, que dominaba la noche, y Nabia, los bosques.

Estos convivieron con los dioses romanos, por separado o fundidos con los que tenían similares características, para irse perdiendo poco a poco. También hubo otros que perduraron con su nombre original y que también recibieron culto por parte de los celtas de la Galia: Cernunnos, dios de la fertilidad, Epona, diosa de los caballos o Lug, dios de los artesanos. De este último quedaron infinidad de toponimias, como Lugo, Lugones, Lugoves, Luguei.

una especie de santuario donde no podían ser asaltados bandoleros de otras tribus (el robo de ganado era una práctica habitual y medio consentida entre los pueblos celtas). Sin duda han desaparecido muchos a lo largo del tiempo, pero aun se pueden ver magníficos ejemplares en Guisando, El Tiemblo o Ávila. Sería interesante comprobar si debajo de ellos hay restos humanos, fruto de un sacrificio ritual con el fin de servir como espíritus protectores de las rutas trashumantes.

Anibal y la invasión cartaginesa

Roma, tras una aplastante victoria en la I Guerra Púnica, impuso a Cartago una enorme deuda de guerra en forma de plata que debería pagar a lo largo de 10 años. Asdrúbal fue el encargado de establecerse en lo que cartagineses llamaban Ispan para conseguir tal metal, explotando sobre todo las minas de Sierra Morena.

Una vez establecido el trabajo de extracción y traslado de la plata, que era embarcada en el puerto de Akra Leuké (actual Alicante), fue Amílcar el encargado de mantener la seguridad de la zona.

También amplió su ejército de mercenarios con celtíberos que llegaron desde la meseta central, por lo que es de suponer que hizo algún tipo de «campaña de promoción» (tal vez de disuasión) entre las distintas tribus, lo que hizo que clanes enteros, incluidas las mujeres, fueran a servir por un tiempo determinado. Básicamente, aquellos mercenarios eran jóvenes atraídos por el espíritu de aventura y la buena paga en forma de plata, además del botín que incautasen al enemigo vencido, con lo que supuestamente regresarían ricos a su tierra. También hay que tener en cuenta la dependencia de las tribus celtíberas de lo que les daba la tierra; una mala cosecha o una enfermedad del ganado podía suponer un año letal; el mandar a un montón de jóvenes como mercenarios suponía menos bocas que alimentar, además de aprovechar en el futuro lo que aprendiesen de un ejército tan importante.

Quienes le dieron problemas a Amílcar fueron los turdetanos, que vieron como se llevaba las riquezas minerales que ellos podrían estar explotando. Siete años tardó en deshacerse de aquella molestia; los líderes rebeldes (Istolacio e Indortes) fueron crucificados (práctica habitual entre los fenicios-cartagineses) y los guerreros supervivientes engrosaron el contingente de esclavos en las minas de plata.

Pero la suerte de Amílcar se acabó cuando se enfrentó con otra de las tribus del sur: los oretaneos, íberos que usaron una estrategia inédita: provocar de noche una estampida de dos mil toros con teas encendidas en los cuernos. En la huida, el general cartaginés murió ahogado al caer a un río.

Le sustituyó su yerno Asdrúbal, que empezó el mandato arrasando todas las ciudades oretanas; los pocos supervivientes llenaron el interior de las minas y las filas de remeros de las galeras. Después concluyó las obras de la nueva Kart Hadasht (actual Cartagena), donde retuvo a cientos de rehenes de las grandes familias celtíberas, con lo que se aseguró una época de paz y comercio.

Tras morir asesinado, le sucedió Aníbal, hijo de Amílcar, que tenía una gran experiencia militar por haber acompañado desde muy joven a su padre en todas las campañas.

Subió hasta la zona central de la península sin que ninguna tribu le hiciese frente, excepto los vettones, que ya se habían enfrentado a Asdrúbal. Estos, fueron masacrados en su mayor ciudad, Helmántica (Salamanca). Después entró en el territorio de los vacceos, hacia su mayor ciudad-silo, Arbocala (Toro), que igualmente fue arrasada. Al año siguiente corrió la misma suerte Sagunto, ciudad costera aliada de Roma (que no recibió su ayuda). Cuando los cartagineses por fin penetraron en la ciudad encontraron cientos de cadáveres, un fuego que todo lo devoraba y unos cuantos saguntinos que se enfrentaban bravamente pero sin ninguna posibilidad al enemigo.

Fue famosa la espada puntiaguda de doble filo, con empuñadura de antenas. Los escudos podían ser los caetra *(redondos, de unos 60 centímetros de diámetro, con un umbo o protector metálico en el centro) o los* scuta, *rectangulares y ovalados que protegían todo el cuerpo. También usaban lanzas y objetos arrojadizos similares, desde las* soliferrum, *finas jabalinas de hierro que podía dejar clavado al suelo a quien alcancen, hasta los dardos. El arco y las flechas eran conocidos pero no muy utilizados en la guerra.*

Roma pidió la cabeza de Aníbal a Cartago, pero los senadores púnicos prefirieron la guerra. Así comenzó oficialmente la II Guerra Púnica, lo cual debió alegrar a Aníbal, que ya lo tenía todo planificado. Poco tardó en dirigirse hacia Roma con un gran ejército compuesto por más de cien mil hombres (númidas africanos, honderos baleares y sobre todo celtíberos), con caballos y elefantes. Con tal contingente cruzó titánicamente los Pirineos y los Alpes, dejando atrás a sus dos hermanos, que más tarde deberían seguirle aportando tropas de refresco. Pero esa ya es otra historia que no corresponde contar en este libro.

Las dos Hispanias

Estamos en el 218 a.C. Mientras Aníbal iba camino de Roma, Cneo Escipión desembarcaba en Emporion (Ampurias), para establecer después el puerto de Tarraco como base de operaciones. Desde allí consigue cortarle a Aníbal las líneas de suministro e impedir que salgan tropas de refresco.

Ese es el comienzo de la presencia romana en la Península Ibérica. Siete años después, Publio Cornelio Escipión, tras una dura campaña de cuatro años, acabó con la presencia cartaginesa en Hispania. Era el año 206 a.C. Claro que eso no supuso que los romanos se retirasen de este territorio. Al menos, en los dos siglos siguientes.

Antes de regresar a su patria, Escipión dejó establecidas dos provincias, la Citerior, cercana a la costa de levante, y la Ulterior, en el sur, aunque no fueron reconocidas oficialmente por el Senado hasta el 197 a.C.

Cada año, Roma mandaba a dos nobles (primero pretores, después cónsules) al mando de sendos ejércitos que hacían algo así como la campaña de verano contra los nativos. Cada uno tenía una zona en la que establecerse y una misión que cumplir.

Con los primeros fríos se retiraban a los puertos mediterráneos que tenían como base de operaciones y regresaban a la metrópoli con el fruto de sus victorias: tributos de las tribus sometidas, botines de guerra, mercancías, esclavos y prisioneros que serían exhibidos encadenados cuando el jefe romano entrase triunfalmente en Roma.

Hispania llegó a ser la gran fuente de la economía romana, sobre todo desde el mandato del cónsul Catón, que llegó con cuatro legiones (alrededor de 50.000 hombres). Con sus enormes recursos de guerra, sofocó totalmente cualquier rebelión, llegando a extinguir alguna tribu ibera; jugando despiadadamente con la amenaza bélica y con la vida de los rehenes que exigía a todos, consiguió cobrar unos tributos que le permitieron autofinanciar la ocupación e incluso ir mandando excedentes a Roma.

Al final de su mandato, llevará consigo una cantidad exorbitante de oro y plata, procedente tanto de los impuestos como de las explotaciones mineras; también numerosos esclavos (siempre había mercaderes y traficantes siguiendo a las legiones), tan necesarios para mantener la economía romana, o prisioneros maltrechos que dejarían sus vidas en un circo. Catón dejó así establecido el modo de actuar en aquella Hispania que acababa de convertirse en proveedora de Roma: sin miramientos con los nativos, que se ven obligados a aceptar condiciones indignas a cambio de mantener la paz (o, al menos, cierto tipo de estabilidad).

A partir de entonces, las campañas se autofinancian y aportan al año siguiente unos beneficios espectaculares. El costo es mínimo; sólo vidas humanas fácilmente reemplazables; algo perfectamente asumible por el Senado romano, que encuentra en esta fórmula el mantenimiento de su esplendor.

Continuaron llegando pretores anuales que mantuvieron el estatus alcanzado por Catón. También llegaron colonos, ya que, al contrario que los cartagineses (que sólo querían hombres para su ejército, esclavos para sus minas y alimentos para todos), los romanos, que comenzaron todo esto para combatir a Aníbal, decidieron asentarse en Hispania.

El litoral oriental, poblado básicamente por tribus íberas, y el sur, por turdetanas, fue rápidamente romanizado, aunque no faltaron las rebeliones. Se construyeron ciudades nuevas, donde se instalaban tanto los colonos recién llegados desde la metrópoli como los legionarios veteranos, que veían así premiados sus años de servicio.

Salvo pocas excepciones, la soberbia, la prepotencia y el desprecio hacia las tribus sometidas fueron continuos, manteniendo unas condiciones humillantes: además de pagar unos tributos que casi les impedía la supervivencia, debían prescindir de sus jóvenes, que incluso tenían combatir a otras tribus vecinas, y entregar rehenes como garantía de que todo eso se cumpliese. Con los vencidos aun podía ser peor: a los que se libraban de la esclavitud, se les cortaban la mano derecha (costumbre que los romanos copiaron de los celtíberos), lo que imposibilitaba su uso tanto en la guerra como en las labores agrícolas.

Las fronteras de las dos provincias van poco a poco ensanchándose. El siguiente territorio a invadir es lo que podemos llamar Celtiberia, aun más próspero que el ya conquistado. Eso le tocará a los gobernantes de la Hispania Citerior, mientras que los de la Ulterior se encargarán de los lusitanos, el pueblo céltico situado más al oeste.

Por principio de cuentas, estos últimos son los más peligrosos, ya que no esperan a que los romanos les ataquen, sino que ellos toman la iniciativa, ya que sus condiciones sociales y económicas habían desarrollado la práctica del bandolerismo por las tierras turdetanas como manera de ganarse la vida. Sus ciudades más importantes fueron Norba (Cáceres), Aeninium (Coimbra) y Ebora (Évora).

37

Los muertos celtas podían ser enterrados o incinerados, pero en la tumba conservaban aquellos objetos que formaban parte de sus quehaceres cotidianos y que necesitarían en la otra vida, donde tendrían unas actividades similares.
A los guerreros caídos en combate se les dejaba desnudos para que las aves carroñeras comieran su carne, que así liberarían su espíritu; después recogían el esqueleto, que era incinerado junto a las armas. Las cenizas, en una urna, se depositaban en la necrópolis junto a sus pertenencias.
(Exposición «Celtíberos». Museo Numantino, Soria)

En el 155 a.C., un tal Púnico fue el elegido para dirigir un pequeño ejército de un millar de lusitanos y vettones. Obtuvo bastantes victorias y llegó hasta el Mediterráneo, pero no consiguió que los turdetanos renunciasen a sus tratados con los romanos, por lo que no pudo mantener las tierras conquistadas.

Tras su muerte, en combate, le sustituyó Césaro, que continuó con sus victorias; aunque finalmente, se confió demasiado y fue vencido. Pero los estandartes de las legiones derrotadas ya habían sido exhibidos entre las tribus lusitanas y celtíberas, lo que a muchos les debió quitar el miedo por aquel enemigo tan numeroso y organizado.

Desde entonces, Roma tuvo muchos quebraderos de cabeza respecto a Hispania. Bien era cierto que los beneficios eran grandes (y eso hacía perdonables los excesos de los sucesivos pretores, que siempre buscaban el enriquecimiento personal), y los abusos de los legionarios con la población nativa, fruto de la prepotencia que suponía ser romano en un territorio bárbaro), pero los pueblos sometidos se rebelaban continuamente o que los que aun eran libres se preparaban para la guerra.

Eso suponía mucho gasto de vidas y el consiguiente descontento entre las familias nobles romanas, que aportaban los mandos y la caballería de las legiones (el nivel de riqueza proporcionaba un estatus privilegiado que incluía el derecho exclusivo a la milicia profesional). La única solución era aplastar definitivamente a aquellas gentes que se empeñaba en mantenerse al margen de la «civilización», sobre todo desde que en las dos provincias hispanas aparecieron sendos símbolos que resultaron muy humillantes para la soberbia romana: Numancia y Viriato.

Numancia, una espina clavada en el corazón de Roma

Más o menos al mismo tiempo en que el lusitano Púnico realizaba su prodigioso viaje por el sur, llegaba a Hispania el general Nobilior con la misión principal atacar la ciudad de Segeda, capital de los belos. Estos habían iniciado la construcción de una muralla, cosa que los romanos habían prohibido a todas las ciudades celtíberas y fue considerado como una rebeldía que había que castigar severamente. Al no tener terminada la obra cuando era inminente la llegada de las legiones, los belos tuvieron que desalojar la ciudad, acudiendo con todo lo que fueron capaces de transportar a Numancia, ciudad bien amurallada de sus aliados arévacos. Nobilior, al encontrar Segada vacía, mandó destruirla completamente.

Mientras tanto, los celtíberos belos, titos y arévacos habían conseguido unir fuerzas para enfrentarse al enemigo común. Al mando de más de veinte mil hombres estaba Caro, procedente de Segeda, que fue uno de los que cayeron en la primera refriega entre ambos ejércitos; eso sí, Nobilior perdió un tercio de sus hombres en un solo día. Los celtíberos se replegaron a Numancia, que ya estaba sobre poblada por gentes que habían acudido a protegerse entre sus murallas. Tuvieron que acampar en el exterior.

Adopciones romanas de Celtiberia

Los romanos adoptaron la espada de los celtas de Hispania, llamándola *gladius hispaniensis,* añadiéndoles su propia empuñadura. Estas espadas fueron una gran novedad para los romanos, porque tenían punta afilada, al contrario que la autóctona, que era roma y sólo podía cortar. La técnica de lucha cambió totalmente. Se decía que el agua del río Biblis (Jalón) tenían propiedades especiales para darles el temple exacto. También adoptaron los *bracae,* pantalones (que se supone que a su vez los celtas copiaron de los escitas), para los jinetes de las legiones, y la capa negra de lana gruesa,

que los celtíberos llamaban *sagum*, para todos los legionarios.

Polibio escribió: *Los celtíberos sobresalen, en mucho, entre los demás pueblos en la fabricación de espadas. Sus espadas tienen en efecto una punta resistente y un tajo cortante por los dos lados. Por ello los romanos desde los tiempos de Aníbal abandonaron las espadas de sus antepasados cambiándolas por las de los hispanos. Pero si pudieron imitar la forma, nunca lograron alcanzar la calidad del hierro y la perfección de la factura.*

Diororo escribió: *Sus espadas tienen doble filo y están fabricadas con excelente hierro, y también tienen puñales de un palmo de longitud que utilizan en el combate cerrado. Siguen una táctica especial en la fabricación de sus armas defensivas, pues entierran láminas de hierro y las dejan hasta que con el curso del tiempo el óxido se ha comido las partes más débiles, quedando sólo las más resistentes: de esta forma hacen espadas excelentes, así como otros instrumentos bélicos. El arma fabricada de la forma descrita corta todo lo que pueda encontrar en su camino, pues no hay escudo, casco o hueso que pueda resistir el golpe dada la excepcional calidad del hierro.*

Nobilior instaló su campamento a una distancia prudente de Numancia y allí esperó la llegada de los refuerzos del rey númida Massinia, aliado de Roma: 300 jinetes y 10 elefantes.

Entonces comenzó el ataque (antes sólo habían ocurrido pequeñas escaramuzas para medir fuerzas y comprobar las reacciones del enemigo). La poderosa acometida de los elefantes africanos, con toda su parafernalia de guerra, causaron tal temor entre los celtíberos que tuvieron que retroceder a la ciudad. Pero la certera pedrada de un hondero en la cabeza de uno de los paquidermos hizo que este se volviese loco y arremetiese contra quienes le rodeaban, lo cual fue imitado por los demás animales, igual de asustados.

El desconcierto entre los romanos fue total, retirándose en desbandada. Eso hizo que los celtíberos se envalentonasen y saliesen a combatir, obteniendo una gran victoria. Nobilior tuvo que abandonar su campamento, dejando atrás todo lo que con las prisas no pudieron llevarse los legionarios que sobrevivieron al ataque.

Como era normal entre los pueblos célticos, tras la victoria, la federación celtíbera se deshizo, sin que se hiciesen planes futuros. Como si el enemigo ya estuviese definitivamente derrotado.

Aquel 153 a.C. fue nefasto para Roma, llegando al punto de ser difícil conseguir nuevos alistamientos para las legiones, ya que se había difundido la ferocidad de las tribus que poblaban aquella Hispania y la cantidad de jóvenes romanos que allí dejaban sus vidas o los que regresaban tremendamente heridos o mutilados.

Para la siguiente campaña se eligió a Marco Claudio Marcelo, con buenas dotes diplomáticas, que, al no encontrarse frente a un ejército enemigo como el del año anterior, pudo forzar algunos pactos con las tribus celtibéricas que mantuvieron una paz que ambos bandos necesitaban.

Pero el Senado no sólo no los ratificó sino que ordenó la continuación de la guerra. La prioridad absoluta estaba en la toma de Numancia, cosa que Marcelo tuvo que asumir; aunque, como le quedaba poco tiempo de mando en Hispania, se limitó a pedir rehenes a la ciudad, que liberó antes de regresar a Roma.

Tras él llegó el cónsul Lúculo, con ansias de fama y riquezas; y eso no se lograba asumiendo la paz conseguida con su antecesor. Por eso atacó a los vacceos, que hasta entonces se habían mantenido al margen de las contiendas. Cauca (Coca) sufrió no sólo un desproporcionado ataque para las fuerzas con que contaba, sino que, una vez aceptadas las tremendas condiciones impuestas, los romanos mataron a todos cuantos encontraron en la ciudad.

Roma sintió que la actuación de Lúculo (que además terminó su campaña desastrosamente) la había cubierto de infamia. Por si fuera poco, y eso lo veremos con más detalle en el siguiente capítulo, la actuación del pretor que llegó junto a él para controlar la Hispania Ulterior, Galba, fue incluso peor.

Pasaron algunos años sin cambios significativos, ateniéndose unos y otros a los tratados hechos por Marcelo. Pero algunos romanos aun sentían en su corazón la espina clavada de Numancia, ciudad que también se había convertido en un símbolo, aunque de sentido contrario, para los celtíberos.

En el 143 a.C. lo intentó Cecilio Metelo, después Quinto Pompeyo (por dos veces), tras este Marco Popilio. Y Hostilio Mancino, que, para salvar su vida, llegó a firmar un pacto con el que se reconocía a Numancia como ciudad independiente. Acuerdo que, por supuesto, no ratificó el Senado.

No conformes con aquella última humillación, los orgullosos senadores decidieron dar un castigo ejemplar a Mancino, para que los siguientes cónsules no cayesen en el terrible error de considerar a los celtíberos como iguales a los romanos: acusándolo de alta traición, fue devuelto a Hispania en el siguiente contingente romano y llevado a las puertas de Numancia, desnudo y maniatado (que se sepa, ya existía un precedente, un siglo antes, aunque a mayor escala: durante las guerras samnitas, los legionarios fueron mandados de vuelta al enemigo después de estos los hubieran obligado a desfilar por debajo de un yugo). Así pasó Mancino un día completo. Los numantinos, que no sabían

Los combates singulares fueron una costumbre que recogieron historiadores de varios lugares celtas. Por ejemplo, en Celtiberia, hubo en Intercatia (Villalpando) un jinete que salió de la ciudad retando a algún jefe romano, vanagloriándose de sus propias cualidades y menospreciando las del enemigo. Pasó un tenso tiempo hasta que Escipión Emiliano salió de entre las filas romanas. El duelo se saldó con la victoria del romano, que rindió homenaje al vencido, tal como debía hacerse en este tipo de eventos. (Exposición «Celtíberos». Museo Numantino, Soria)

a qué venía aquello, se limitaron a desatarlo y dejarlo marchar; al fin y al cabo, habían firmado con él un tratado de paz. (Años más tarde, cuando recuperó la ciudadanía romana, Mancino mandó esculpir una estatua que le representaba de aquel modo, tal vez para mostrar a sus enemigos romanos que incluso desde aquella tremenda circunstancia había conseguido levantarse y recuperar títulos y fortuna).

Los años siguientes fueron similares: Numancia seguía imbatida y los celtíberos más envalentonados que nunca. La desesperación de los romanos llegó al límite. Habían caído Macedonia y Cartago. ¿Por qué no la bárbara Hispania? La solución a lo que por aquel entonces parecía ser su mayor problema llegó de la mano de Escipión Emiliano, que ya tenía su nombre escrito en la historia de Roma por haber resuelto el otro gran problema, doce años antes: Aníbal y Cartago. ¿Por qué no lo habían llamado antes? Por un legalismo: nadie podía ser nombrado cónsul dos veces en menos de diez años. Es fácil hacerse una idea sobre el nivel de desesperación del Senado como para permitir una excepción a la sacrosanta *lex romana*.

La visión de total abandono y desmoralización que tuvo Escipión a su llegada a Hispania, tanto de los oficiales como de los legionarios que aun se mantenían en activo, no pudo ser más lamentable. Antes de intentar un solo movimiento tenía por delante la ardua tarea de restaurar el orden y la disciplina, además de ponerlos en forma después de muchos meses de inactividad.

Aquella primavera no hubo guerra, sino duro entrenamiento, sin consentir la menor insubordinación o incumplimiento por parte de nadie. Sin duda, los castigos ejemplares estuvieron a la orden del día, hasta el punto que algunos legionarios se quejasen ante su jefe porque eran azotados con varas de mimbre, a pesar de ser ciudadanos romanos. Escipión, atendiendo burlonamente sus quejas, determinó que a partir de entonces se siguiera utilizando el mimbre contra las tropas auxiliares, mientras que los ciudadanos romanos tendrían el privilegio de ser azotados con una vara de sarmiento, que sin lugar a dudas era una planta más noble.

Poco antes del otoño ya estuvo todo listo para marchar hacia su destino: Numancia, aunque antes dio un rodeo para someter a las ciudades que pudieran ayudar, como otras veces ocurrió, a los numantinos. Primero se dirigió hacia Palantia, ciudad vaccea que también se había atravesado en las ansias de conquista de anteriores cónsules. Esta vez el consejo de ancianos de la ciudad prefirió aceptar el tratado que se les propuso, entregando armas y rehenes. Cuando eso fue aceptado, Escipión mandó a los suyos prender fuego a las cosechas, aunque antes cargaron todo el trigo que cupo en sus carros.

Para Escipión, la conquista de Numancia era el gran reto a la altura de su talento militar.

A continuación, se dirigió a Cauca, que tras sufrir la masacre de Lúculo, se había repuesto con nuevos habitantes. A estos sólo les pidió rehenes que garantizaran la no intervención en la guerra. Así se aseguró que las dos ciudades más importantes permanecerían al margen de lo que ya estaba a punto de ocurrir.

Cuando llegó ante Numancia, hizo levantar siete campamentos y entre ellos torres de vigilancia. Después comenzaron las obras para rodear completamente la ciudad con una doble empalizada de diez kilómetros. También bloqueó la posible ayuda que llegase a través del río Duero clavando vigas en su lecho. Y dio órdenes de no caer en la trampa de la falsa huida (método habitual entre los celtíberos) que tantas vidas había costado a los romanos; también debían evitar matar a los numantinos que se aventurasen a salir, ya que cuantos más hubiera en el interior, más comida necesitarían.

También mandó pedir refuerzos entre las ciudades aliadas, lo cual sumado a lo que ya tenía y las fuerzas mandadas por su amigo númida Micipsa, con sus temibles elefantes de guerra, llegaba hasta la desproporcionada cantidad de setenta mil.

Los numantinos, se calcula que unos ocho mil, habían estado esperando un ataque o un intento de asedio fácilmente desmontable, como había ocurrido en anteriores ocasiones, y no asimilaron fácilmente lo que vieron. De pronto, no podían entrar ni salir ni recibir refuerzos e incluso comida. Esta vez no tendrían que enfrentarse a las legiones romanas sino a ese enemigo mil veces más temible: el hambre.

Una fría noche de invierno, un noble llamado Retógenes, junto a otros cinco jinetes numantinos, logró algo increíble: cruzar la empalizada a través de un hábil artilugio a modo de puente. Llegaron a la ciudad arévaca de Lantia, donde encontraron cuatrocientos jóvenes dispuestos. Los numantinos continuaron su búsqueda por otras ciudades, mientras los lantianos esperaban su regreso, pero lo que se encontraron al día siguiente fue al ejército romano, con el propio Escipión a la cabeza, dispuesto a sitiarlos.

El pacto no admitía ningún tipo de negociación: cortó la mano a los cuatrocientos hombres, uno a uno, para que el escarmiento fuera especialmente cruel y la noticia se difundiera por todo el territorio.

Las otras ciudades de Celtiberia, reconociendo en Escipión a un enemigo muy distinto a los que tuvieron con anterioridad, ni intentaron movilizarse para no seguir la misma suerte que la que en esos momentos ocurría en Numancia y sus alrededores. Seguramente el romano había mandado emisarios a todas ellas con advertencias muy claras al respecto.

Cuando el hambre empezó a hacer mella, acompañada de la enfermedad, los numantinos intentaron algún tipo de acuerdo honorable, pero Escipión tenía muy claras sus ideas al respecto. Culpó a la ciudad de la muerte de miles de legionarios y sólo aceptaba la rendición incondicional, sin ningún tipo de compasión por los numantinos.

Pero bien conocían aquellos arévacos la crueldad que los romanos mostraban con los vencidos. No sería la primera vez en la que nadie fuese perdonado. También sabían que docenas de miles de mujeres y niños habían partido hacia tierras desconocidas como esclavos o, lo que era mucho peor, otros fueron esclavizados en las tierras entregadas a los colonos o regalada a los legionarios veteranos. Una humillación que no se merecía la memoria de los antepasados. Entre otras medidas drásticas, mataron a ancianos y enfermos, para limitar las bocas a alimentar.

Los hombres que aun podían luchar, posiblemente alimentados con la carne de los muertos, aun intentaron un desesperado ataque en masa, que acabó con muchas vidas en los dos bandos, aunque los numantinos tuvieron que volver a la ciudad sin conseguir nada. Debieron sentirse abandonados por sus dioses.

Así que, después de ocho meses eternos, tomaron la decisión final.

Cuando los romanos entraron en Numancia, la realidad fue mucho más fuerte de lo que tal vez esperasen encontrar: entre el fuego y el hedor, miles de cadáveres de todas las edades con evidentes signos de haber muerto a manos de compañeros o de las suyas propias. Sólo se llevaron de allí una imagen que perduraría en sus memorias hasta el último día.

Era el 133 a.C. Con Numancia había caído Celtiberia, demasiado desgastada tras veinte años de guerras. El senado romano determinó que todas las tierras, ciudades, animales y prisioneros de la Hispania conquistada eran propiedad de Roma. Las fértiles tierras de Celtiberia fueron repartidas entre la aristocracia romana, que las convirtió en el granero de Roma.

Los miles de jóvenes celtíberos que pasaron a formar parte de las legiones, como tropas auxiliares, fueron dispersados por los extremos del imperio. Tal vez esto fue

Numancia fue arrasada y sembrada de sal, al modo de Cartago, y sus tierras repartidas entre tribus aliadas. Un final similar ya lo habían visto tiempo atrás otros romanos en Astepa (Estepa, Andalucía), ciudad aliada de Aníbal. No se sabe cuantos supervivientes encontraron, pero Escipión escogió a una cincuentena para exhibir su gran triunfo en Roma; fue lo único que pudo llevar, ya que cualquier otra cosa había sido consumida por el fuego antes de que los romanos entrasen en Numancia.

debido a que un legionario celtíbero, posiblemente vacceo, asesinase a aquel Escipión que destruyó Numancia. Y puede que no fuese el único que actuase como instrumento de venganza por todos aquellos que murieron en las guerras que dejaban imborrables recuerdos de masacre, destrucción, robo de tierras, esclavitud...

Viriato, la pesadilla de Roma

Regresemos al 151 a.C.

El pretor de la Hispania Ulterior, Servius Sulpicius Galba, tras ser estrepitosamente derrotado varias veces, pidió ayuda a Lúculo, pretor de la Citerior, que, tras la destrucción de la ciudad de Cauca, había sido derrotado por los vacceos y se había visto en la necesidad de abandonar su provincia.

Los restos de ambos ejércitos se internaron en Lusitania, donde atacaron pequeñas ciudades, a las que además les incendiaron los campos y los bosques. Tras esa demostración de fuerza, que, curiosamente no fue contestada por aquellos que pocas semanas habían casi aniquilado a toda una legión en territorio enemigo, Galba recurrió a la estratagema del engaño para acabar definitivamente con aquel pueblo.

Convocó a las diversas tribus lusitanas para ofrecerles un tratado especial: reparto de tierras a cambio de que abandonasen las incursiones contra los romanos y sus aliados. Ante las decenas de miles que acudieron, Galba jugó bien con las palabras sabiendo qué era lo que los lusitanos deseaban oír. Aludió a la pobreza de sus tierras y se mostró comprensivo con el bandolerismo practicado hasta entonces como única manera de mejorar sus duras condiciones de vida. Con las tierras que él les entregase todo cambiaría. Serían amigos de Roma con todos los beneficios que eso conllevaba.

Los dividió en tres campamentos levantados para tal acto, pidiéndoles que, como amigos que ya eran, dejasen fuera las armas. Muy pocos escaparon vivos a aquella encerrona;

los demás cayeron asesinados o fueron vendidos a los mercaderes de esclavos.

Lúculo y Galba regresaron cargados de riquezas, tanto para Roma como para ellos mismos. El Senado los acusó por su traicionero proceder, pero las grandes ganancias que aportaron por un lado y repartieron por otro acalló las protestas.

Pero en Hispania el mal estaba hecho. Y bien que se arrepintieron los romanos, ya que, entre los pocos jóvenes que consiguieron escapar de la encerrona de Galba, rompiendo la empalizada, estaba Viriato, que supondría la mayor fuente de problemas para Roma pocos años después.

Viriato era un lusitano nacido en algún lugar entre la portuguesa Sierra de la Estrella y la española Sierra de Francia, hacia el año 170 a.C. Su dura infancia cuidando ganado por las serranías y llevándolo temporalmente a los valles del sur le llevó a soportar las duras condiciones de una

Posiblemente no fuera ese su nombre auténtico, sino un sobrenombre que recibió al ser elegido jefe del ejército lusitano. Viriato significa el que lleva las virias, *siendo estas una especie de brazaletes que podrían ser similares a los torques con que se reconocía la nobleza en otros territorios celtas. (Escultura de Viriato (1884), de Eduardo Barrón, en una plaza de Zamora).*

guerra frente a un enemigo mucho mayor y mejor preparado. Incluso cuando llegó a ser el gran enemigo de los romanos y los suyos le adoraban como a un dios, mantuvo una vida llena de austeridad: dormía en el suelo cubierto por su capa, comía frugalmente y repartía el botín de manera equitativa e incluso su parte la entregaba entre los que más la necesitasen.

Viriato conocía bien las tierras que serían el escenario de sus primeras batallas, que seguramente recorrió integrado en una partida de bandoleros, como era habitual entre los lusitanos que querían mejorar sus precarias condiciones de vida en una tierra poco fértil que sólo permitía vivir del ganado, con una clase aristocrática propietaria de grandes extensiones y una población llana que tenía que conformarse con lo mínimo.

Claro que las frases que se le atribuyen a Viriato denotan una formación intelectual poco común tanto para un pastor como para bandolero: *La patria es la libertad. La posesión más estable es el valor. La mayor riqueza es saber contentarse con poco y amar la justicia.* O aquella parábola acerca de la traición: *Un hombre maduro se casó con dos mujeres. La una le arrancaba los cabellos negros y la otra los blancos. Al poco tiempo lo dejaron calvo. Lo mismo le puede suceder a la ciudad de Tucci* (actual Martos) *si se empeña en aliarse al mismo tiempo con romanos y con lusitanos.*

Tanto por su educación como por los lugares donde tuvieron lugar sus batallas, ha hecho que algunos autores sitúen su nacimiento más al sur, donde el contacto y la influencia de la antigua civilización tartésica (mas la púnica) aun era notable.

Sin duda, Viriato perteneció a la aristocracia guerrera, poseedora de las tierras y los rebaños, aunque eso no le libró de pasar algunas temporadas cuidando el ganado que suponía la gran riqueza de la familia. Tal vez esa fuese simplemente una etapa por la que debían pasar todos los jóvenes, al igual que el posterior bandolerismo, al modo de ritos de pasaje que les llevaban a la siguiente etapa de su vida.

En el 147 a.C., cuatro años después de la traición de Galdas, Viriato disponía ya de un ejército considerable: unos diez mil hombres, buenos conocedores de los pasos de las montañas, preparados militarmente por sus colaboradores más cercanos: los *devoti*, una especie de cuerpo de elite que juraba defender a su jefe con la propia vida en una ceremonia que otorgaba un carácter de consagración.

Tomó a mil de ellos, mientras que los demás quedaron dispersos por las montañas, atentos a su llamada. Consiguió su primera gran victoria frente a las legiones de Cayo Plautio, que además contaban con ayuda celtíbera; después, sufrió la derrota por las de Quinto Fabio, pero volvió a desquitarse con las de Quinto Pompeyo. Las enseñas y los estandartes fueron exhibidos por toda Lusitania y finalmente clavados en algunos cerros que fuesen fáciles de ver por el enemigo. Esa era tal vez la peor ofensa que podía darse a una legión, ya que, incluso si no había una derrota de por medio, el portador de un estandarte era duramente castigado por perderlo.

Sus triunfos le llevaron a continuar sus conquistas por la Hispania Citerior, muy lejos de su base de operaciones, donde había demasiadas ciudades que se habían entregado completamente a los romanos. Las tribus celtíberas de tittos y belos, que llegaron a combatir contra él como aliadas de los romanos, supieron hasta qué punto se habían equivocado. Acabaron cambiando de opinión y de bando. No pasó lo mismo con la ciudad de Segóbriga (en la actual provincia de Cuenca), cuyos habitantes fueron masacrados. A partir de entonces, muchos celtíberos engrosaron su ejército, pero no consiguió ningún acuerdo a largo plazo para hacer un frente común debidamente organizado entre todas las tribus.

Siempre tuvo Viriato mucho cuidado de no enfrentarse al enemigo a campo abierto, donde bien sabía que no tenía mucho que hacer. Su principal baza fue el bandolerismo y la guerra de guerrillas: ataques rápidos y por sorpresa por bosques, montañas y desfiladeros, causando numerosas bajas y replegándose con suficiente rapidez como para impedir ser contraatacados.

Aquel tipo de guerra era llamado *latrocinium* (robo) por los romanos, cosa que sí era cierta cuando atacaban a los convoyes de abastecimiento, que llevaban las enormes cantidades de comida y forraje que las legiones necesitaban diariamente. También empleó a conciencia la táctica de la falsa huida, cuando simulaban una retirada que provocaba la confiada y descontrolada persecución de los romanos, que se daban cuenta demasiado tarde del engaño.

Durante los siguientes años su ejército creció considerablemente en número. Como líder natural, consiguió que todos tuviesen en mente el objetivo de expulsar a los invasores de su tierra y que batallasen con un relativo orden y concierto, tan necesario a la hora de enfrentarse a un enemigo como aquel.

El rey Astolpas, terrateniente de la Bética y, por lo tanto, aliado de los romanos, le ofreció la mano de su hija. En la boda dio muestras el lusitano de que no tenía intenciones

Las victorias de Viriato llegaron a oídos de las tribus celtíberas, que se rearmaron de moral y plantaron cara a los romanos. Pero en ningún caso hubo un espíritu de unión suficientemente amplio y fuerte, que podría haber supuesto la única manera de expulsar a los romanos.

de entregarse a la lujosa vida que le ofrecían, quien sabe si para alejarlo de su propósito.

Mientras tanto, en Roma se produce un cambio considerable. La III Guerra Púnica ha terminado y ahora puede mandar a Hispania más legiones para resolver su gran problema: Viriato y sus *latrones* lusitanos

Así, a partir del 146 a.C., Roma comienza a mandar cónsules en vez de pretores, lo que supone un ejército con el doble de legionarios y tropas auxiliares, adelantando además la fecha de incorporación, ya que en el sur de la península no existían tantos problemas con la climatología invernal como en el norte. También se hacen nuevas leyes para que las clases plebeyas sean partícipes del privilegio de servir en el ejército e incluso se rebaja la altura mínima que antes se exigía a los legionarios.

A pesar de todo, en esta fase se suceden las victorias lusitanas, hasta el punto que el cónsul Serviliano, tras ser acorralado en su campamento, se ve en la necesidad de huir de noche hacia la ciudad aliada de Tucci. Ante la falta de un enemigo que combatir y con el desgaste de años seguidos de lucha, Viriato se retira a Lusitania; sus hombres pueden gozar de un merecido descanso. Seguramente fue esa la primera y última vez que Viriato estuvo en su tierra desde que saliese como jefe de un reducido ejército.

Serviliano quiso aprovechar un momento como aquel, que no se había dado en los años que duraba aquella guerra, y reinició el ataque, recuperando algunas ciudades conquistadas por los lusitanos y castigando a quienes habían colaborado con ellos. Seguidamente se dispuso a internarse en Lusitania. Pero Viriato no era el único capaz de organizar un ejército más o menos improvisado. Curio y Apuleyo, seguramente jefes de bandoleros, consiguieron refrenarlos. Pero sólo eso.

Serviliano arrasó las pequeñas comunidades lusitanas, consiguiendo numerosos esclavos, y sofocó las pequeñas revueltas que intentaron hacerle frente, matando después a todos los prisioneros o cortándoles la mano como castigo.

Cuando todo esto llegó a oídos de Viriato, rehizo en cuanto pudo a su ejército. Ya el primer encuentro le resultó favorble, persiguiendo a los romanos hasta el borde de un precipicio. Entonces, con la fuerza moral del que tiene en sus manos la vida y la muerte, ofreció al cónsul un tratado por el que se le reconocía el dominio de la tierra conquistada. Serviliano, seguramente sin poder creerse que iba a salvar su vida después de arrasar y saquear parte de la Lusitania, aceptó gustoso y hasta le otorgó el rimbombante título de *Amicus Populi Romani*, amigo del pueblo romano. Cada parte conservaría los territorios tal como estaban entonces, sin que hubiese nuevas conquistas.

Aquello permitió un tiempo de paz. Pero eso, teniendo a los romanos como amigos/enemigos, no es necesariamente bueno. A Roma no le interesaba que en Hispania hubiese un reino independiente cuando podía tenerlo todo.

¿Pagó Roma a los traidores?

El nuevo cónsul, Servilio Cepión, autorizado por el Senado para romper el tratado del año anterior, llegó con la mayor infraestructura militar posible, ante cuyo envite Viriato se vio en la obligación de replegarse.

No debieron ser buenos tiempos para Viriato. El agotamiento tras ocho años de guerra continua, sin conseguir apenas nada que esperar al enemigo romano que al año siguiente regresaría como las aves migratorias, se había hecho patente entre los lusitanos, que además habían sufrido grandes bajas. Ahora, una desmesurada fuerza avanzaba sin piedad por tierras de lusitanos y vettones, y muchas tribus claudicaban para salvar la vida.

Dentro de la confusión del momento, Viriato intentó evitar un final fácilmente previsible. En la Hispania Citerior estaba el cónsul Lenas, a cuyo campamento se acercó para proponer un nuevo tratado. La primera imposición romana fue la entrega de desertores, entre los que se incluían antiguos aliados.

Uno de ellos era Astolpas, suegro de Viriato, que muere envenenado. Las sospechas recaen sobre Viriato, que también había mandado matar a otros para que evitar la cruel humillación que les esperaba en manos romanas. Pero Lenas seguramente tiene órdenes concretas de no hacer ningún tipo de pacto, por lo que exige algo que sabe que Viriato nunca aceptará: la entrega de las armas.

La ansiada paz parece imposible, pero tres de sus hombres de confianza (Audax, Minuro y Ditalco) proponen algo: El siguiente intento de negociación será con el otro cónsul: Cepión. Ellos mismos irán como emisarios.

Así se hace. Estos, tras la entrevista con el cónsul, regresaron al campamento. Le dieron a Viriato la buena noticia: el comienzo de las negociaciones no podía ser mejor. Al día siguiente irían los cuatro a concluir el tratado.

Pero esa misma noche, los tres entran en la tienda de Viriato mientras duerme.

Tienen muy claro qué han de hacer. No habrá otra oportunidad como aquella. Le cortan la cuello (único lugar disponible, ya que Viriato solía dormir con la armadura para estar siempre dispuesto) e inmediatamente se van al campamento romano.

No todos los historiadores están de acuerdo con aquella frase de «Roma no paga a traidores», seguramente escrita para mantener ante la posteridad una apariencia ética que desde luego no practicaban los romanos. Buscar, propiciar y pagar a traidores siempre fue una de sus estrategias para acabar con sus enemigos, y los pueblos celtas lo sufrieron innumerables veces hasta que prácticamente dejaron de existir.

¿Buscaban aquellos traidores una recompensa meramente material o, viendo que el aplastamiento militar era inevitable, intentaron protegerse y al mismo tiempo recibir algunas prebendas en forma de tierras?

El cadáver de Viriato fue puesto sobre una enorme pira que ardió durante horas, como correspondía con los grandes guerreros. Se sacrificaron numerosos animales, incluido su caballo. Los soldados realizaron danzas circulares acompañadas por cánticos fúnebres en honor a su líder muerto. Envueltos en aquella orgía de dolor y deseperación, doscientos *devoti* lucharon entre ellos para inmolarse junto a su jefe; tal fuese una manera de autocastigarse por no haber podido protegerlo, tal como en su momento habían jurado.

El resto del ejército que se mantuvo fiel a su memoria se enfrentó, al mando de Táutalo, a campo abierto con los romanos. No tuvieron muchas oportunidades, seguramente tampoco las buscaban. Eso sí, dadas las circunstancias, recibieron mejor trato que otros ejércitos vencidos. A estos se les mandó a la colonia de Valentia. ¿Era clemencia de vencedor o una manera de integrarlos en la maquinaria productiva de Hispania?

Allí trabajarían la tierra, pagarían tributos y aportarían jóvenes a las tropas auxiliares. Y los mantendrían controlados y alejados de sus raíces y de sus sueños de pueblo libre.

Las tribus del norte

Cuando ya se podía considerar que todas las tribus de Hispania estaban romanizadas o reducidas a grupúsculos que malvivían en reductos alejados, aun le quedaba a Roma un territorio por conquistar.

Al norte del río Duero esperaban los que los romanos llamaban «montañeses» y que se conocen genéricamente como galaicos, astures, cántabros, que tal vez observaban el devenir de los acontecimientos para saber a qué atenerse.

Con el nombre de astures se conocía a una veintena de tribus (lugones, brigaecinos, ámacos, zoelas, entre otros) que habitaban al sur de la actual Asturias, concretamente en las provincias de León y Zamora, teniendo su capital en la actual Astorga.

Los cántabros eran los más numerosos, ya que en aquellos tiempos ocupaban las actuales Cantabria, Asturias y parte de Galicia. Estaban compuestos por una veintena de tribus, como plentusios, coniscos, vérdulos, caristos, autrigones, aurinos, plentauros, orgenomescos, vadinienses, aunigainos…

Estrabón escribió: Todos los montañeses son austeros, beben normalmente agua, duermen en el suelo y dejan que el cabello les llegue muy abajo, como mujeres, pero luchan ciñéndose la frente con una banda… Los montañeses, durante dos tercios del año, se alimentan de bellotas de encina, dejándolas secar, triturándolas y luego moliéndolas y fabricando con ellas un pan que conservan un tiempo.
(Grupo de plentusios, en la fiesta de las Guerras Cántabras, que se celebra todos los años en Los Corrales de Buelna, Cantabria).

Los primeros en caer fueron los galaicos (bracarenses, ártabros, lucenses, cilenos, albiones, lemavos), como ampliación del avance que el pretor Julio César organizó a modo de guerra preventiva contra los lusitanos, por tierra y por mar, antes de que estos fuesen suficientemente fuertes como para atacarlo a él. Tras vencerlos sin demasiada dificultad a las afueras de Olisipo (Lisboa), continuó hacia el norte, acusando a los galaicos de haber suministrado comida y hombres a los arévacos.

No encontró apenas resistencia y sí consiguió suficiente botín como para pagar muy bien a sus legionarios y para enriquecerse él mismo, motivo real de aquella incursión, ya que, según reconocieron los propios historiadores romanos, aquella campaña fue un modo de financiar la millonaria deuda que César tenía en Roma. Esto sería repetido cada cierto tiempo, el suficiente como para que los nativos recuperasen algo su maltrecha economía y dejarlos una vez más sin nada.

Algunos historiadores creen que los castros fueron un legado de los pueblos precélticos que habitaron esta zona de la península ibérica. Solían estar situados en lugares elevados. Las casas, normalmente de forma redonda, no guardaban ningún orden. No tenían calles, ya que la ubicación de una vivienda no era algo que se pudiese dejar en manos de una distribución urbanística racional. Seguramente eran tomadas en cuenta las energías telúricas. Se mantuvieron incluso después de la romanización. (Castro de Santa Tegra, en la provincia de Pontevedra).

Las guerras cántabras

Los cántabros, al modo de los bandoleros lusitanos, todos los veranos constituían una plaga que cruzaba las montañas para robar cuanto hubiese a mano. Pero además de ladrones tenían fama de buenos guerreros y cuando la ocasión lo requería se alistaban como mercenarios sin importar el enemigo con el que tuvieran que enfrentarse, incluso más allá de los Pirineos.

Los cántabros tuvieron bastante notoriedad en el mundo clásico, a juzgar por las 150 referencias que existen en textos griegos y romanos. Además de la enconada resistencia que ofrecieron a los romanos, fueron buenos mercenarios y legionarios que llegaron a lejanos lugares, tal como reflejan bronces y aras votivas encontrados en el área del Danubio.

Las hostilidades entre romanos y aquellos pueblos montañeses se desarrollaron violentamente durante años, hasta que Augusto, al mando de siete legiones, se personó en Hispania. Tras conseguir un pacto con los astures que le aseguraba cierta tranquilidad en la retaguardia, el emperador romano dirigió toda su maquinaria de guerra hacia las montañas del norte, al mismo tiempo que una flota completaba el ataque desde el mar.

Hubo enfrentamientos encarnizados y terribles escenas, como la de aquellos cántabros que murieron de hambre en el monte Vindio o los refugiados en el monte Medullio que, ante la inminente llegada de un desproporcionado contingente romano y tras celebrar un banquete, prefirieron darse muerte ellos mismos bebiendo un veneno hecho con la raíz del tejo. Este árbol es altamente tóxico y relacionado con leyendas siniestras. Se decía que sus raíces crecían hasta introducirse en la boca de los muertos. En algunos lugares, como símbolo de renacimiento, colocaban sus hojas sobre las tumbas. (Recreación de las Guerras Cántabras. Los Corrales de Buelna, Cantabria).

En aquellos tiempos surge la figura de Corocotta, un caudillo cántabro que da tantos quebraderos de cabeza a Augusto como para ofrecer una cuantiosa recompensa:

250.000 sestercios por su cabeza. (Mucho antes, ya consiguió cierta celebridad un mercenario cántabro llamado Laro, del que se escribió: *Él en solitario colmaba el campo con cadáveres*).

Ha quedado una curiosa historia romana sobre que el propio Corocotta se presentó ante el emperador para cobrarla. Este sin saber como reaccionar ante tan insólito suceso, le dio el dinero y lo dejó marchar. ¿Fue dinero lo único que hubo o también consiguió Augusto hacer algún trato con Corocotta? Porque después de aquello ya no se le vuelve a nombrar.

Pero la guerra contra los cántabros continuó siendo un problema para Augusto. Ellos eran perfectos conocedores de la difícil orografía de sus montañas y contaban con *oppida* amuralladas donde resguardarse. Además, el supersticioso emperador tuvo motivos para pensar que aquella guerra también se estaba librando en un plano mágico. Un número excesivo de legionarios fue víctima de una plaga; incluso él mismo enfermó. Por si fuera poco, un rayo estuvo a punto de matarle. Contra todo aquello, pocas tácticas guerreras valían. Así que, tras retirarse un tiempo en Tarraco (Tarragona), regresó a Roma.

A pesar de la fiera resistencia, a los legiones no les faltaban medios humanos o materiales. La aplastante maquinaria romana comenzó a recibir sus frutos. Algunas ciudades cántabras, como Lucus (Lugo), fueron sitiadas hasta la muerte por hambre, repitiéndose situaciones similares a las de Sagunto o Numancia.

Y cuando ya no hubo más ciudades, incendiadas por los romanos, los cántabros, a los que se sumaron algunos

Diodoro dejó escrito que los cántabros suministraban a la guerra una excelente caballería y una infantería que sobresalía por su poder y resistencia. Cantaban himnos de guerra cuando marchaban a la batalla (en Irlanda tenía el nombre de rosscatha*) que les infundía valor o mientras aguardaban la muerte tras ser crucificados por los romanos. También destacó ciertas peculiaridades de su vida cotidiana:* Entre ellos se da una costumbre peculiar y extraña, pues siendo cuidadosos y limpios en sus hábitos, observan una práctica grosera y sucia; pues se bañan el cuerpo y se lavan los dientes con orines, teniendo esta acción por cuidado y limpieza corporal.

astures, se refugiaron en los bosques e iniciaron un continuo acoso de guerrillas. Poco podían hacer los romanos contra eso, al menos hasta que llegó Agripa, considerado el mejor general del imperio, y los papeles se invirtieron.

El acoso romano, palmo a palmo de tierra, a cualquier lugar donde hubiese un grupo de cántabros, fue ya imparable, produciendo escenas extremas entre ancianos, mujeres y niños que preferían darse ellos mismos la muerte antes de que el enemigo les pusiese las manos encima, mientras los hombres se lanzaban a la lucha desesperada, conociendo ya el final; los que no cayeron en combate, murieron crucificados entonando cantos de guerra.

Muchos de los que sobrevivieron fueron trasladados a otra región como esclavos (que más tarde protagonizarían una importante insurrección y regresarían a sus tierras), quedando los castros abandonados.

Los legionarios veteranos fueron premiados con tierras en Hispania, en una de las cuales fundaron, en honor a su emperador y benefactor, Emérita Augusta (Mérida).

Es el año 25 a.C. Tras veinte siglos de cruentas guerras, toda Hispania es provincia de Roma, aunque aun habrá revueltas y escarceos. De ella surgirán personajes significativos en la historia romana, como los escritores Séneca, Quintiliano y Marcial o los emperadores Trajano, Adriano, Teodosio. Pero el valor de los hombres y mujeres de Celtiberia sería recordado y admirado por los historiadores romanos durante los siguientes siglos.

Como en todos los momentos históricos cruciales, siempre cabe una pregunta como ¿qué hubiese ocurrido si todas las tribus se hubiesen coordinado para hacer frente al invasor? En los siguientes capítulos veremos que la falta de unión fue el gran problema de los pueblos célticos.

Las otras guerras

A pesar de la escasez de medios e incluso de personal, fruto de la continua sangría impuesta por Roma, en el 98 a.C., aun hubo un nuevo intento de rebelión por parte de lo que aun quedaba de vacceos y arévacos. Fueron derrotados, pero todavía se unirán a Sertorio, pretor de la Hispania Citerior, cuando, algunos años más tarde, llegara a independizarse de Roma.

En el 49 a.C. comenzó la guerra civil entre Pompeyo, y después sus hijos, contra César, que tuvo a Hispania como campo de batalla, con numerosas legiones y tropas auxiliares compuestas por celtíberos, galos y africanos. Hubo infinidad de enfrentamientos, aunque, al final, César no pudo aprovechar su gran victoria, ya que murió asesinado en Roma, justo delante de la estatua de su gran enemigo, Pompeyo.

Aportaciones de Roma al mundo celta

El latín, como idioma común del imperio, que daría lugar a las lenguas romances. El derecho romano, que reconocía el derecho individual frente al colectivismo tribal. La elección, más o menos democrática, de los magistrados y funcionarios. Obras arquitectónicas y de ingeniería, como carreteras, puentes, anfiteatros, baños y acueductos.

VERCINGETORIX Y LA GALIA

Año 46 a.C.

Una oscura mazmorra bajo el Capitolio es el escenario del cruel final del que seis años antes fuese el gran enemigo de Roma. Sabe que su fin está próximo, ya que acaban de pasearlo humillantemente por las calles en un homenaje al César. Ya no tiene sentido prolongar su vida.

Vercingetórix, ahora casi una figura fantasmal, seguramente está soñando, dormido o despierto, con aquella tierra a la que estuvo a punto de librar del yugo romano.

Sin duda ha habido muchos momentos de su largo cautiverio en que llegó a dudar si había merecido la pena tanta muerte, esclavitud y destrucción de su pueblo para no conseguir nada. Tal vez en algunos instantes especialmente lúcidos tuviese la convicción de que siempre era mejor hacer algo que nada. Y en los tiempos que le tocó vivir, hacer algo suponía enfrentarse con aquel César invasor cargado de ambición que consiguió imponer una forma de vida muy alejada de las tradiciones de los pueblos que habitaban la Galia.

Tras la última derrota, allá en Alesia, la suerte de la Galia estaba echada, pero aun hubo numerosos y fallidos intentos de jefes guerreros que querían emular a Vercingetórix. Tal vez pensó César que acabando con la vida de aquel que aun servía de ejemplo también acabaría con esas molestias periódicas.

Bajo la fantasmal iluminación de una antorcha, César da la última orden y su enemigo, en el que es difícil reconocer al que fue rey de la Galia que pudo ser libre, muere estrangulado.

Algunos años después, tras una fulgurante carrera militar y política, el propio César correrá idéntica suerte, pero en manos de los suyos.

Veamos ahora los antecedentes de todo aquello.

Comienza la invasión

En un capítulo precedente ya vimos cómo en el 399 a.C. los celtas galos habían asaltado Roma, ocasionando una masacre y cobrando un enorme rescate por su marcha. No fue aquella sacrílega humillación algo que a un pueblo tan orgulloso olvidase ni perdonase. No es de extrañar que, cuando estuvo preparada, Roma utilizase todos los recursos posibles para aniquilar a aquellos bárbaros.

En la Galia Cisalpina («antes de los Alpes») había media docena de tribus celtas llegadas en distintas épocas. Se habían asentado principalmente en el valle del Po, expulsando a los etruscos, y fundaron ciudades que aún perduran con Mediolannun (Milán), Brixia (Brescia), Tridentum (Trento), Bononia (Bolonia). Pero en el siglo II a.C., tras muchas dificultades, aquellos celtas fue conquistados y romanizados.

La insaciable Roma necesitaba ser continuamente abastecida con recursos lo más baratos posible. La Galia Trasalpina («después de los Alpes») era la solución más inmediata: un conglomerado de cientos de tribus incapaces de organizarse, sin ningún sentido de unidad, enzarzados en peleas continuas entre ellos y haciendo gala de su absoluta falta de previsión. Tal vez habría que añadir cierto desprestigio que entonces ya debían tener los druidas como líderes espirituales, ya que no fueron capaces de usar sus conocimientos y su gran influencia en la sociedad celta para evitar el desastre.

Cayo Julio César, que ya había conocido a los celtas cuando estuvo de pretor en Hispania, tuvo de aquellos galos una idea bastante clara: *Combaten con nervio, coraje y orgullo, con una cierta alegría feroz, pero sin astucia, incluso con cierta ingenuidad.* Algo muy parecido a lo que después escribiría Estrabón (muerto en el 24 d.C., por lo tanto, uno de los pocos cronistas del mundo celta que los pudo conocer en persona): *Son guerreros apasionados, de fácil provocación y con la suficiente ingenuidad como para caer en las estratagemas… Basta con provocar su furia en el lugar y momento adecuados para tenerlos ciegos en la lucha sin confiar en otra cosa que no sea su fuerza y su valor.*

¿Cuál era la mejor táctica? Provocar la desunión. El espionaje, el engaño, el jugar con regalos y privilegios, el avivar viejas rencillas, el propiciar traiciones: armas terribles que los romanos no se resistirían en repetir cuantas veces hizo falta para acabar con sus enemigos.

El punto de avance fuera de la península Itálica fue la colonia focea (griega) de Massalia (la actual Marsella), importante puerto comercial donde se unían los productos de Celtiberia, Galia y el Mediterráneo oriental. Cuando fueron atacados por una tribu celta, pidieron ayuda a los romanos, que no tardaron en llegar con una fuerza tal vez excesiva, pero que sirvió tanto para hacer huir al enemigo como para instalarse en lo que a partir de entonces consideraron su «Provincia» (la actual Provenza).

Pocos galoceltas fueron capaces de prever el peligro, pocos sintieron la ambición que movía a aquel Julio César que dirigía a las legiones, en las que no tenía inconveniente en incluir a jóvenes galos deseosos de vivir aventuras y que lucharían tal como sólo ellos sabían hacer, pero contra sus propios vecinos. El procónsul tenía como aspiración final ser el César de Roma y aquella campaña era el vehículo ideal, tal como se demostró con el tiempo.

Legionarios celtas

Las legiones romanas estaban formadas por ciudadanos romanos, mientras que a las *cohors* (cohortes o tropas auxiliares) entraban, más o menos voluntariamente, jóvenes de las tierras recién conquistadas. Estos, tras sobrevivir una veintena de años luchando contra pueblos similares a los suyos antes de ser conquistados, conseguían licenciarse con la ciudadanía y toda la consideración de hombres libres.

La disciplina era férrea y los castigos muy duros. Pero había salario estable, identificación con los vencedores, busca de nuevos horizontes, incluso un uniforme que debía resultar atractivo. Y regresar después de unos años a su tierra con prestigio y honores, y, como ciudadano romano de pleno derecho, formar parte de la civilización.

Pero, ni qué decir tiene que la mayoría no volvieron a ver la tierra donde nacieron.

El gran paso estaba dado. No hacia falta una costosa invasión a gran escala, sino un lento comer terreno. Tenían que aparentar ser los benevolentes amigos del sur, poseedores de una cultura superior y capaces de proporcionar una vida más cómoda a los ya de por sí la acomodada y próspera clase noble gala. El método de entrevistas en secreto con ciertos reyes, los regalos, las promesas o el sembrar la desconfianza hacia los vecinos ya había demostrado su poder entre los celtas de Hispania.

También el procónsul contaba con otra baza importantísima: espías galos. ¿Quién mejor que ellos para darse cuenta de los puntos débiles de cada tribu, de conocer a los descontentos, de hacer llegar mensajes a las personas adecuadas con grandes promesas a cambio de traicionar a los suyos?

Reclutando traidores

El destierro era una de las mayores condenas en el mundo celta. El individuo quedaba despojado de cualquier derecho e incluso de su honor, lo cual era extensible a su familia y sus descendientes. Es fácil suponer que los romanos supieron sacar partido a este tipo de individuos, que difícilmente serían aceptados en otra tribu, pero que de pronto se veían adulados y agasajados por sus «amigos» romanos, que los consideraban muy valiosos por la información que pudieran aportar sobre aquellos que le excluyeron de la comunidad y le obligaron a vivir en el bosque como una bestia.

A través de estos les resultaría fácil conocer secretos tales como el lugar sagrado donde algunas tribus habían colocado la piedra fundacional, posiblemente portada desde sus territorios de origen. Pocas cosas debían ser tan desmoralizantes para un celta como la violación de su secreto mejor guardado que de alguna manera debía suponer despojarlos de parte de su identidad. También los nombres secretos de reyes, jefes y dioses. El simple hecho de conocerlos suponía tener algún poder sobre ellos.

Llegaron los primeros colonos, se incrementó el comercio, se llevaron productos exóticos, se formalizaron alianzas, se impusieron tributos, comenzó un ciclo financiero desconocido hasta entonces por los celtas: deudas, préstamos, intereses, nuevas deudas...

Así está el escenario: Por un lado, Julio Cayo César, procónsul romano de la Galia Trasalpina, al mando de 10 legiones disciplinadas. Por otro, numerosas tribus celtas valerosas pero desorganizadas y sin saber qué rumbo tomar.

Con el tiempo, las diferencias entre la Galia Narbonense y la Galia del norte (a la que llamaban despectivamente *Comata* o Peluda) fueron grandes; en la primera, la romanización fue completa, tanto en costumbres como en idioma, llegando a alcanzar sus habitantes la ciudadanía romana.

Pasa el tiempo. La fama del jefe romano aumenta en la Galia, ya que ha resuelto algunos de los interminables conflictos entre tribus galas. Pero un nuevo componente se integra en este escenario: Ariovisto, jefe de los suevos, cruza el Rin, frontera natural hasta entonces respetada entre celtas y germanos.

Los eduos se ven en la disyuntiva de tener que pedir ayuda a los romanos, como mal menor. ¿Por qué no buscaron una alianza con otros galos? Años antes, estos eduos habían atacado a otras tribus vecinas (secuanos y arvernos) con tal ferocidad que estas tuvieron que solicitar la alianza de los suevos. Nadie lo ha olvidado.

Pero ahora son los propios suevos quienes atacan a sus anteriores aliados eduos y su druida principal, Diviciaco, tiene que acudir a la mismísima Roma pidiendo ayuda para su tribu, petición que el Senado romano atiende con toda la generosidad de que es capaz. Años antes habían visto en el mismo lugar al propio Ariovisto como invitado especial, y hasta le concedieron el título de «amigo de los romanos». Pura acción de relaciones públicas por ambos lados. Ninguna parte se fiaba de la otra.

Este nuevo conflicto no fue muy largo. Ariovisto se atrevió a presentar cara al ejército romano en Alsacia, pero fue vencido y se retiró a la otra orilla del Rin. Por su parte los romanos tuvieron la excusa perfecta para instalarse en esa región. Las intenciones del procónsul romano ya van quedando más claras para todos los galos.

Reclutando traidores

Los celtas juraron a Alejandro un tratado de amistad con la frase: *Si no respetamos este pacto, que el cielo caiga sobre nosotros y nos aplaste, que la tierra se abra y nos trague, que el mar ruja y nos engulla.*

En un texto irlandés se cita otro similar: *A no ser que el cielo caiga con su lluvia de estrella, a nos ser que la tierra sea sacudida por un terremoto, a no ser que las olas del mar azul inunden los bosques…*

Imagen del Museo Numantino, Soria.

Tal vez por eso el poeta galés Grunffuff Ynad Coch (siglo XIII) expresó su dolor por la muerte del príncipe Llewelyn, y con él el fin del celtismo címrico, con estos versos: *¿No veis que el sol se arroja por los cielos, que las estrellas se han caído?*

¿Sería aquello el recuerdo de algún cataclismo del pasado tan grabado en la memoria del pueblo como para formar parte de su más alto juramento?

Misión imposible: unir todas las tribus

A simple vista, parece que la pacificación de la Galia va por buen camino. No ha sido mucho el esfuerzo por parte de Roma. Julio César conocía muy bien qué cartas jugar. La vieja técnica del divide y vencerás se ha mostrado tan efectiva como siempre lo ha sido.

Pero no todo fue una labor más o menos disfrazada de relaciones públicas; los incidentes armados fueron constantes, con el agravante de la presión cada vez mayor de los pueblos germanos.

Llegó el momento en que al norte de la Galia, donde era menor la influencia romana, diez tribus belgii o belgas (a quienes se debe el nombre de Bélgica) consiguen formar una confederación. Julio César tiene su gran oportunidad; sus victorias se suceden una tras otras. Sitia y destruye las principales ciudades, como Bibrax, Noviodunum, Bratuspantium.

Las batallas se suceden como era de prever: fuerza bruta contra organización militar. El resultado, igual de previsible. Los supervivientes belgas que escaparon a la muerte o la esclavitud emigraron a Britania, donde sus descendientes volverían a enfrentarse a los romanos años más tarde.

También del norte eran los veneti, que dominaban el comercio marítimo desde la actual Bretaña francesa (a donde huirían posteriormente muchos celtas britones bajo la presión sajona). Corrieron similar suerte cuando su rey afirmó que ellos vivirían según sus costumbres o morirían. Ganó la segunda opción.

El resultado final de las batallas contra los romanos acabó siendo siempre el mismo: los celtas no entendían de tácticas militares ajenas a las guerrillas o el enfrentamiento bruto. El orden y la disciplina resultaban superiores.

Pero estos dos exterminios, más el asesinato del rey eduo Dumnórix, el primero en intentar unir a los celtas, encendieron la alarma entre otras muchas tribus que no se habían entregado completamente al dominio romano. Nuevamente será en la periferia norte de la Galia donde surja la insurrección. Ambiórix, rey de los eburones, e Indutumarus, rey de los treveri, serán los siguientes en dar la cara, pero poco es lo que consiguen, salvo debilitarse más.

El castigo de Julio César a los vencidos era siempre ejemplar: esclavizar a los supervivientes y torturar a los líderes, como ocurrió con Acco, azotado hasta la muerte delante de su gente, que se encargaría de difundir la noticia, o llevarlos a Roma, donde, tras ser exhibidos humillantemente como trofeos de guerra, acabarán su vida en algún circo. Además, César manda a la metrópoli tanto oro, entre lo que recauda y lo que se apropia, que su valor llega a caer por debajo del de la plata.

A estas alturas han muerto muchos héroes (además de los citados, Boduognatos, Orgentorix, Casticos, Indutiomarus), muchas ciudades han sido arrasadas, tribus enteras extinguidas, docenas de miles de personas esclavizadas. Es muy grande el precio que hay que pagar por resistirse a lo que parece inevitable.

La mayoría de las tribus prefirió permanecer al margen y hacer lo políticamente correcto en aquellos tiempos, o sea sonreír al procónsul y aparentar que aquellos incidentes no les afectaban a ellos.

Pero, por aquel tiempo, está creciendo un niño que dará mucho que hablar.

Un rey para todos

Cuando César estaba haciendo y deshaciendo a su antojo en territorio galo, consiguiendo alianzas más o menos forzadas y haciendo que aquella sea una tierra prácticamente sometida, por fin los galos que no se habían entregado aun totalmente a la causa romana se pusieron de acuerdo. Los druidas se hacen oír. Era preciso alguien que lidere a las tribus libres, y a las que quieran volver a serlo, frente a ese enemigo que ya estaba a punto de engullir toda la Galia.

Estamos el año 52 a.C., cuando aparece públicamente la figura de Vercingetórix, perteneciente a los arvernos, una de las tribus más poderosas de la Galia, reclamando el liderazgo ante su tío Gobannitio, que había ejecutado a su padre Celtill cuando él era sólo un niño.

¿Fue Vercingetórix un aspirante a druida que tuvo que tomar las armas por decisión de sus superiores ante la falta de otro mejor para dirigir a su pueblo? ¿O fue un guerrero, hijo de rey y educado para gobernar, que recibió algún tipo de iniciación druídica que le permitió ser reconocido por la mayoría de las tribus?

A partir de ahora los romanos no lo tendrán tan fácil. El nuevo líder galo tiene ideas muy claras y que no deja que el azar mueva los hilos. Él no actúa siguiendo impulsos ciegos y con el engreimiento propio de la mayor parte de los celtas. A esas alturas, bien se conocía las pocas posibilidades que se tenían frente a los romanos con su habitual esquema de combate.

Imaginémosle tal como Diodoro de Sicilia, en el siglo I d.C. describía a los nobles galos: Bien aseado (los celtas

80

fueron los primeros europeos en usar el jabón) y con la barba afeitada, pero dejando unos grandes mostachos que le tapaban la boca. El pelo echado hacia atrás y encrespado con agua de cal, dando la apariencia de crines de caballo. Un sayo largo, pantalones y capa de lana, que posiblemente tenga los colores de su tribu. Como rey, lleva un torque de oro al cuello y brazaletes.

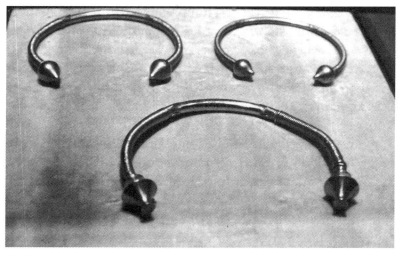

Los torques eran gruesos collares rígidos, muchas veces torcidos en espiral. Eran el adorno más valioso entre los celtas; podían ser de bronce o de oro, según el rango del que los portase. Para los romanos también fueron valiosos como botín de guerra. (Museo Arqueológico de La Coruña).

Al igual que hiciese Viriato, primero organizó guerrillas usando a los mejores jinetes en operaciones rápidas y contundentes, como impedir la llegada de forraje para las guarniciones, destruir los depósitos de cereales o derribar los puentes que los romanos utilizaban habitualmente. También aprendió Vercingetórix la importancia de mantener una red de exploradores que informasen de los movimientos de tropas enemigas.

Visitando otras tribus y ciudades consiguió la unión de tres cuartas partes de las tribus galas, inhibiéndose sólo aquellas que tenían demasiados privilegios o miedo a la reacción de César. Debió ser ese un gran momento para Vercingetórix. Sin duda, cuenta con la ayuda de los druidas, cuyo jefe vaticinara años antes: *Un joven rey para el viejo pueblo al abrigo de los jefes, que se someterán a él con respeto y devoción. Él será el liberador.* En principio tenía todas las de ganar: combatía en terreno conocido y con más hombres que el enemigo, pero las cosas no fueron tan fáciles a la hora de la verdad.

Las primeras victorias llenan de moral a los combatientes, a pesar de que no termina de consolidarse algo que suponga una auténtica unión de tribus coordinadas. Eso bien lo sabe César, que ante el avance de los galos no tiene más remedio que ponerse a la cabeza de su ejército. Además de hacer frente a Vercingetórix, manda tropas a las ciudades importantes de las tribus sublevadas, trantando así de forzar la vuelta de sus guerreros para defenderlas, pero no lo consigue.

Vercingetórix utiliza la táctica de tierra quemada (a la que hay que añadir el incendio de una veintena de ciudades) para que cuando pasen por allí las legiones de César (miles de hombres y cientos de caballos) no tengan más avituallamiento para personas y animales que el que lleven consigo. No es fácil convencer a aquellos que prácticamente lo van a

82

perder todo y es de suponer que los druidas tuvieron un papel esencial en esta parte.

Pero las promesas y expectativas se cumplen. Las victorias celtas se suceden. Seguramente ya muchos reyes galos hacen planes para continuar la campaña hacia la misma Roma.

La reacción de César fue atacar la ciudad biturgia de Avaricum, única que queda intacta, ya sus habitantes se habían negado a quemarla. Vercingetórix no tiene más remedio que quedarse allí para dirigir la defensa. El asedio dura un mes, tomando el líder celta unas decisiones que confunden a César. A las torres de asalto que construyen los romanos, responde con otras torres desde las que les lanzan piedras y grasa hirviendo.

Pero el asedio se prolonga demasiado. Las provisiones se agotan y Vercingetórix ordena escapar de aquella encerrona. Los gritos de las mujeres, que se niegan a abandonar la ciudad (seguramente fueron las que se negaron a incendiarla) alerta a los romanos, que consiguen entrar, provocando una masacre, de la que sólo pudo escapar una minoría. Fue el primer gran error de aquella campaña por la liberación.

Crece la desmoralización entre los galos, pero, por otro lado, la inútil carnicería provocada en Avaricum (decenas de miles de mujeres, ancianos y niños masacrados) hace que nuevas tribus se unan a Vercingetórix, que se ha refugiado en la ciudad de Gergovia, prácticamente inexpugnable al estar situada en la cima de una montaña.

César tiene ahora como base de operaciones Noviodunun (Nyon), desde donde se provee a las legiones y mantiene como rehenes a miembros de familias nobles de algunas tribus que garantizan los «lazos de amistad». Por otro lado, ya no resulta nada fácil conseguir mercenarios galos para suplir a los que han caído y tiene que acudir a los germanos. Se dirige hacia Gergovia, tras los pasos de Vercingetórix. Es necesario acabar con él.

La primera gran victoria es para los galos, sobre todo los arqueros, que hasta entonces no habían sido un elemento considerable en la lucha contra los romanos. Los jefes tribales aclaman a su líder. La euforia es tal que parecen olvidar justo lo que les ha hecho llegar a donde han llegado. Vercingetórix no consigue contenerlos. El envalentonamiento típico de los celtas vuelve a jugarles una mala pasada cuando se les ocurre salir de la ciudad y enfrentarse a campo abierto con sus enemigos, dejando por ciertas las palabras de Polibio: *En casi todo se dejaban llevar por la pasión y no se sometían a las leyes de la razón.*

Por supuesto, gana César. Segundo gran error de Vercingetórix.

El sitio de Alesia

La última y definitiva contienda tuvo lugar en Alesia, en el año 52 a.C. Esta era una ciudad (cerca de la actual Alise-Sainte-Reine) bien fortificada de los mandubios, donde se había refugiado Vercingetórix con todos los que habían podido escapar de Gergovia.

Ya no hay otra gran ciudad donde protegerse. De allí saldrán vencedores o vencidos. Lo mismo ocurre con César, pero él sólo tiene la opción de esperar. Y esta vez se asegura de contar con suficientes provisiones.

Vercingetórix, que dispone de 20.000 hombres, manda a su caballería para que consigan todos los refuerzos posibles por las tribus galas. La perspectiva no puede ser más óptima. Cuando estos lleguen, los romanos se encontraran entre dos frentes y con pocas posibilidades de huir. Ese debería ser el fin de su gran enemigo. Pero eso es demasiado bonito para ser real.

En realidad la perspectiva no puede ser más desesperada para los galos. Porque César, intuyendo lo mismo, manda talar cientos de árboles para levantar una doble empalizada circular, instalando a sus tropas en medio. La ciudad queda completamente rodeada. También manda cavar un ancho foso que llenan con agua de un río cercano y zonas sembradas de *stimuli* (púas de hierro) o agujeros ocultos con ramaje con *cippi* (estacas afiladas) en el fondo. Una auténtica fortaleza con numerosas torres de veinticuatro metros de altura, seguramente inspirada en el sitio de la Numancia celtibérica, que César sin duda conocía (estuvo en Hispania en tres ocasiones).

El tiempo pasa. Los hombres de Vercingetórix observan todo esto impotentes, los nervios afloran, el líder no puede mantener el orden. Los víveres casi están agotados. Pero, de pronto, la gran esperanza. A lo lejos aparecen las tropas esperadas, nada menos que unos doscientos cincuenta mil celtas con carretones cargados de víveres; incluso los recalcitrantes eduos están entre ellos. Han necesitado todo un mes para ponerse de acuerdo, como si les costase creer que se encuentran ante una situación extrema. Entre ellos surgió el mismo problema repetido una y otra vez: interminables discusiones sobre quién manda sobre quien o en qué orden de magnitud se reparte el botín de guerra. Y no parece que los druidas, los sabios y venerables druidas, ayudasen mucho, ya que aparentemente estaban tan desunidos como los demás celtas.

Pero la alegría de los que llegan y de los que esperan pronto desaparece. La ciudad está totalmente rodeada por la doble empalizada de cuatro metros de altura; no hay manera de que los sitiados puedan ponerse en contacto con los refuerzos, que además, siguiendo la tradición, se dividen en dos bandos sin conseguir ponerse de acuerdo entre ellos mismos para coordinar acciones. Algunos intentos de ataque desde ambos lados de poco sirven sino para darse cuenta de que la suerte está echada. Las defensas que habían levantado los romanos son tan inexpugnables como la propia ciudad, salvo que a los romanos no les faltan alimentos.

Tras unos intentos desesperados de ataque, que proporcionan numerosas bajas, los refuerzos, viéndolo todo perdido, se retiran. Sólo han pasado cuatro días. Alesia y sus ocupantes están condenados y cada cual tiene que regresar a su poblado para que la vida pueda continuar. Y tal vez confiar en que la venganza romana no sea demasiado cruel.

Dentro de Alesia, los víveres se han acabado. Una huida como la de Gergovia es completamente imposible. Sólo queda una posibilidad de que sus habitantes no sean masacrados. César exige la entrega de Vercingetórix y los demás jefes tribales. Estos salen de uno en uno para, según las costumbres, depositar sus armas a los pies del jefe romano, al que sin duda ya todos consideran «protegido por los dioses» y merecedor de la victoria.

Finalmente hace su aparición Vercingetórix. De haber vencido, incluso hubiera sido divinizado por los suyos y, quien sabe, tal vez hubiera encabezado una lucha de castigo hasta la mismísima Roma. Pero, según las costumbres ancestrales de su pueblo, las grandes equivocaciones se pagan con el sacrificio. Un sacrificio por el bien de los demás expía la culpa. Y él es el rey, el máximo responsable ante su pueblo y sus dioses.

Y lo hizo de una manera ceremonial, vestido con sus mejores galas, dando tres vueltas con su caballo blanco en torno a la tribuna de Julio César, postrándose después ante él y depositando su espada en el suelo. Ritual preciso, sencillo y tremendo hasta las últimas consecuencias, que difícilmente pudo aprecia el romano.

Esta ceremonia algunos historiadores lo interpretan como una forma de triskel, símbolo con el cual Vercingetórix entregaba a su vencedor las tres partes de la sociedad celta: el cuerpo (tierras y gentes), la mente (forma de vida y cultura) y el espíritu (dioses y héroes). Tal vez aquel ritual suponía entre los galos que el vencedor sabría aceptar debidamente lo que se le ofrecía y que mostraría su buena voluntad. Pero César no estaba dispuesto a ser clemente; puede incluso que, de cara a Roma, no pudiese hacer otra cosa.

El sueño de una Galia libre moría para siempre. Los hombres habían hecho todo lo humanamente posible, pero los dioses habían tenido la última palabra.

Vercingetorix fue llevado a Roma encadenado y exhibido como trofeo de guerra. Tras seis años de encierro, le llegó la hora.

El fin de los galos

Para entonces, la romanización de la Galia era completa. Se calcula en tres millones los galos que vivían antes de la guerra. De ellos, un millón murió en combate, otro millón fue esclavizado y el resto se integró como pudo al nuevo orden romano. Los druidas fueron exterminados, salvo los que huyeron a Britania, los bardos pasaron a ser trovadores de amables versos y los jóvenes sólo aspiraban a ingresar en las legiones romanas.

Pronto no quedó ni idioma ni dioses que recordase unos tiempos y unos hombres con los que ya nadie podía sentirse vinculado sin sentir vergüenza. La historia la escriben los vencedores; y aquella historia la escribió el propio César, que desde la Galia mandaba a Roma una especie de diario, que hasta era leído en público. Aquello le dio tanta popularidad, que al regreso no tuvo ningún oponente que le impidiese tomar el poder absoluto sobre Roma. Su sueño se había cumplido.

Los galos habían pisoteado siglos antes el orgullo romano y eso nunca les fue perdonado. Y a los romanos no les bastó con vencerlos, sino que tuvo que aniquilar su cultura hasta el punto de que los nuevos galos deseasen ser romanos, identificándose con quienes habían derrotado a sus mayores. ¡Qué mayor genocidio que ese!

Los supervivientes de la antigua «Galia peluda» ahora son romanos, visten togas, hablan latín y habitan en ciudades de estilo romano. Ya son civilizados. Y se nombran senadores que acuden a Roma a hacer carrera política totalmente integrados en la cultura latina. De esta mezcla saldría Décimo Magno Ausonio, al que se considera descendiente de una familia de druidas. Fue, entre otras cosas, poeta y tutor de Graciano, hijo del emperador Valentiniano. O el teólogo cristiano Hilario de Poitiers, al que se considera como el primer introductor del canto en la liturgia romana.

Y, de entre los descendientes de los galos cisalpinos, romanizados con anterioridad, los historiadores Cornelio Nepote y Trogo Pompeyo, que llevaba a gala su pasado celta, o el gran poeta Virgilio, en cuyas obras se muestra que la poesía y el punto de vista sobre la vida celta no murió tan deprisa como las costumbres.

El calendario de Coligny

Fue descubierto en Francia, en el 1879, entre los restos de un templo romano. Consiste en una serie de placas (incompletas) de bronce, donde está representado el calendario lunisolar de los galos, aunque ya tiene influencia romana (siglo I d.C.). Muestra un ciclo completo de 62 meses El año estaba compuesto por 12 meses (que comenzaban con la luna nueva), más otro intercalado cada tres años (las 13 lunas célticas). Los meses 30 días reciben la calificación de *mat* (afortunado), mientras que los de 29 son *anm* (adverso) y sus nombres hacen referencia a temas como el tiempo de recogimiento, de los caballos, de los juicios, según la principal actividad que tuviera lugar en ese periodo del año.

Sammonios	octubre-noviembre
Dummanios	noviembre – diciembre
Ruiros	diciembre – enero
Anagantios	enero – febrero
Ogronios	febrero – marzo
Cutios	marzo – abril
Giamonios	abril – mayo
Simivisonios	mayo – junio
Equos	junio – julio
Elembiuos	julio – agosto
Edrinios	agosto – septiembre
Cantlos	septiembre – octubre
Mid Samonios	el mes intercalado

BOUDICCA y BRITANIA

Año 61 d.C.

Boudicca, reina de los iceni, alta, pelirroja, de complexión fuerte, debe tomar la más drástica decisión de su vida. Los romanos no deben encontrarla viva. Sabe muy bien como tratan a un rey rebelde tras ser derrotado, pero ella además es una mujer; una mujer que los ha humillado militarmente en varias ocasiones. No le cabe ninguna duda de qué tipo de venganza emplearían contra ella.

Así que, bebe rápidamente el veneno. Con ella también muere la esperanza de mantener una forma de vida. El último lamento surge de su garganta. Las últimas lágrimas por el ineludible destino que espera a su pueblo, esa unión de tribus que la llamaron la Victoriosa y volcaron en ella toda su esperanza.

Llegaron a creerla invencible, protegida por los dioses; e incluso ella misma lo creyó, pero, o los dioses la han abandonado, y con ella al pueblo que los mantuvo, o los dioses de los romanos son más poderosos.

Posiblemente este fue un pensamiento compartido aquel día por muchos reyes y jefes guerreros celtas cuando vieron que aun alcanzando lo imposible (unir a las tribus, poner un poco de orden, conseguir ciertas victorias), al final los romanos se imponían con sus legionarios y sus auxiliares, en gran medida hombres desarraigados, procedentes de cien tribus y pertenecientes a ninguna, que marchaban en orden, uniformados, dispuestos a invadir cualquier tierra donde los mandasen y matar a cambio de un salario y tal vez, con mucha suerte, un trozo de tierra extranjera donde echar raíces y morir.

Los britones que no han caído en el campo de batalla huyen en desbandada. Ninguno se fija en la figura femenina que hasta entonces había personificado a la Morrigan, la diosa de la muerte y la destrucción, el ser terrible que exige la sangre del enemigo, y a la que habían seguido ciegamente porque ella representaba el único futuro aceptable.

Los romanos buscan afanosamente a la reina guerrera, pero sólo encuentran un cadáver. Seguro que el gobernador Suetonius se sintió contrariado cuando le dieron la noticia. Seguro que tenía planes especiales para aquella. Seguro que el cuerpo sin vida fue cruelmente exhibido en el campamento romano.

Veamos ahora los antecedentes.

La Britania prerromana

Al igual que en otros lugares con colectivos célticos, a esta isla llegaron dos oleadas importantes, que se dividieron en docenas de tribus con escaso sentimiento de unidad.

Las tribus celtas estaban compuestas por clanes, que eran un conjunto de familias descendientes de un antepasado que hizo algo tan relevante como para formar un grupo diferenciado. El clan solían tener el nombre de un animal totémico, que en muchos casos acabó derivando en apellidos que han llegado a nuestros días. Un ejemplo lo tenemos en «de la Cierva» español o «de la Cerda» del norte de Portugal o en los animales que los clanes escoceses tienen en sus escudos.

Las luchas y rivalidades entre tribus, o incluso entre clanes, eran parte de la vida cotidiana, a lo que habría que añadir los pillajes veraniegos de irlandeses, desde el oeste, y pictos, desde el norte.

Podemos considerar que las tribus más importantes eran: los trinobantes, al oeste, con capital en Camulodunum (actual Colchester), los brigantes, con capital en Eboracum, los cantii, con capital en Llundein (transformada posteriormente en Londinium, Londres) y los iceni, en los que, por motivos históricos, vamos a centrarnos. También estaban dobuni, atrebantes, coritani, silures, oedovices, parisii... A estos hay que añadir a belgii y venetos, que llegaron huyendo desde la Galia, lo cual debería haber supuesto para los demás un toque de alarma ante lo que se les avecinaba.

Comienza la invasión

Tras la conquista de la Galia, Julio César pone su mirada sobre la gran isla del norte. Pero no será él quien se lleve el mérito. Fue Calígula el encargado de ordenar la invasión de Britania, siendo los trinobantes, tribu del oeste de la isla, los primeros en ofrecer resistencia, al mando del rey Cunobelinos (Cimbelino, en una obra de Shakespeare), sucesor de Cassivellaunos, rey mítico del que se contaban prodigios. A pesar de los medios, los romanos tuvieron que retirarse.

Posteriormente, fue Claudio quien ordenase la siguiente invasión. Estamos en el años 43 d.C., cuando hace su entrada Aulo Plaucio Silvano al mando de las legiones II Augusta, IX Hispana, XIV Gemina y XX Valeria Victrix. Es muy posible que tuviese como libro de cabecera *De bello gaelico*, La guerra de la Galia, de Julio César, y que tuviera las ideas muy claras sobre los puntos débiles de los britones, que no podían ser muy distintos a los galos, con los que compartían el idioma y costumbres.

El peso de la nueva resistencia recae sobre los hijos de Cunobelinos, Togodumnos y Caradawc, que han estado haciéndose más poderosos atacando a otras tribus. Una de ellas, los atrebates, llega a pedir ayuda a los romanos. El enfrentamiento es despiadado. Togodumnos muere, pero Caradawc se salva y organiza una guerrilla con restos de tribus.

El precio de la libertad: revueltas, acuerdos y traiciones

Las legiones controlan todo el sur y centro de Britania, de costa a costa. Pero su comportamiento provoca nuevas rebeldías por parte de algunas tribus, como los iceni o los brigantes, que habían mantenido con los romanos ciertos lazos de amistad, más o menos impuestos. Ambos son derrotados.

Pero Caradawc, que ha podido huir a Gales, consigue el apoyo de los silures y los ordovices, además de reunir a todos cuantos han podido escapar de los territorios controlados por los romanos. Aun así, no son demasiados.

A pesar de las pocas bajas ocasionadas, los romanos vencen una vez más. Parece que entre los britones hay algún topo que se encarga de minar la moral de los combatientes. Caradawc consigue escabullirse otra vez hasta que pide auxilio a la reina Cartimandua de los brigantes; esta, temerosa de la represalia por un lado y deseosa de la cuantiosa recompensa que ofrecen los romanos por otro, lo retiene con engaños y finalmente lo entrega.

A continuación tenemos un pasaje extraño en la historia romana: Caradawc es llevado a Roma junto a su familia. ¿Es un prisionero o un rehén? Allí consiguió hablar nada menos que ante el Senado, exponiendo el motivo por el cual los britones se rebelan contra sus invasores. El caso es que los senadores romanos quedaron conmovidos por la elocuencia del rey britón, consiguiendo que tanto él como su familia quedasen en libertad. No hay más información histórica acerca de ellos, por lo que es de suponer que no regresaron a Britania.

Mientras tanto, en la isla, la rebelión continúa. Al no poder enfrentarse a campo abierto, donde siempre tienen las de perder, los britones, sobre todo los silures, realizan guerrillas en las zonas boscosas, consiguiendo pequeños pero continuos triunfos sobre los romanos. Pero también hay muchas tribus para las que no merece la pena resistirse e incluso son favorables a mantener lazos de amistad, además de aprovechar las cosas buenas que los romanos aportan.

Cartimandua mantiene su alianza con Roma, con todos los beneficios que tal actitud aporta, pero uno de sus esposos, Venusius, se separa de ella y organiza un pequeño ejército de fugitivos para combatir tanto a los romanos como a sus aliados. El asesinato de los padres de Venusius por parte de la reina (más el recuerdo de la entrega de Caradawc) hizo que sus propios súbditos se volviesen contra ella, que salvó su vida refugiándose entre los romanos.

Vencidos y humillados

Britania era muy importante por sus druidas (en otro capítulo trataremos de ellos). Eran los mejor considerados del mundo celta y los druidas galos cruzaban el Canal de la

Mancha para estudiar o visitar a sus congéneres, lo que hace suponer que tal vez el druidismo procediese de esa isla, donde tenían dos centros importantes, uno en Glastonbury y otro en la isla de Mona (actual Anglesey).

Nada se sabe sobre qué ocurrió en Glastonbury, que aun sigue siendo considerado como un lugar muy especial para los neodruidas, pero sí quedó constancia de lo qué ocurrió en Mona. Es el año 61 d.C. Suetonio Paulino ataca la isla, donde, además de los druidas, también han encontrado refugio todos cuantos escaparon de las guerras y las matanzas. Es considerada como tierra sagrada; tal vez eso les haga pensar que el enemigo la respetará.

Los romanos no escatiman medios, a pesar de saber que no hay guerreros para defenderla. Aprovechando una celebración religiosa, se lleva a cabo el ataque definitivo. Casi todos los druidas son exterminados. Sus enormes conocimientos de nada sirven ante el asalto de los legionarios romanos. Sus cabezas cortadas son arrojadas al mar, «para impedir su reencarnación». Con estas muertes no sólo se corta la cadena religiosa, sino también la educativa, la judicial, la médica, y en cierto modo la memoria del pueblo. Los bosques sagrados son talados o quemados. La moral britona caerá por los suelos al extenderse la noticia. Desde el punto de vista romano, es una jugada maestra que supone en sí misma un punto de no retorno del que los britanos ya no podrán reponerse.

Pero habrá otro suceso de suma importancia ese mismo año. Prasugatos, rey de los iceni, una pequeña tribu que ocupaba los actuales territorios de Norfolk y Suffolk, es un aliado de los romanos. Y, como ocurre con otros aliados, ha sido forzado a declarar al emperador romano, en este caso Nerón, como heredero de sus tierras, conjuntamente con sus dos hijas. A cambio de esto, la tribu icena se ha librado de ataques y destrucción. Pero cuando muere Prasugatos, los romanos no respetan el tratado. Entran en el territorio iceno tomándolo todo como propiedad suya, ya que en Roma no se reconocían derechos hereditarios a las mujeres.

Ante el levantamiento que provoca Boudicca, la viuda del rey, que pretende que se mantenga el pacto firmado por su difunto esposo, los romanos reaccionan con toda la brutalidad de que son capaces: azotándola a ella y violando a sus hijas. Los jefes territoriales iceni fueron desprovistos de sus derechos y algunos fueron incluso esclavizados. Además, las tierras asoladas y todo el ganado sacrificado.

Hay una noticia más: en Camulodunum, los soldados romanos veteranos, que han recibido como regalo tierras donde asentarse, llegan a expulsar a los nativos, violan los espacios sagrados y erigen un templo a Júpiter.

Las tres grandes noticias son infames y justamente logran que muchas tribus tomen sus armas.

La reina guerrera

Boudicca, también conocida como Boadicea, encabeza a los suyos subida en su carro de guerra, llevando tras ella a los vecinos trinobantes y a otras tribus o restos de ellas dispersos por los bosques. Lleva el estandarte con el símbolo sagrado de Andrasta, diosa de la victoria: una liebre con la luna llena.

Estatua de la reina Boudicca, acompañada por sus dos hijas en un carro de guerra. Embarcadero Victoria, Londres (Obra de Thomas Thornycroft, 1850).
Se cuenta que su cuerpo está enterrado bajo la plataforma número 10 de la estación de King's Cross.

Las humillaciones inflingidas, lejos de disuadirla, la han vuelto más peligrosa. Al mando del nuevo ejército, en el que seguramente no faltaban mujeres, hace gala de su nombre (o tal vez apodo): la Victoriosa.

Ataca y arrasa las principales ciudades romanas en territorio británico: Londinium (Londres), Verulamium (St. Albans) y Camulodunum (Colchester), derrotando a la Legión Hispana, masacrando a sus habitantes y sacrificando a la diosa Andrasta los supervivientes. No hay piedad. No hay prisioneros. Todo el odio retenido se descarga contra el invasor y sus colaboradores.

Los cronistas romanos rizaron el rizo para mostrar lo sanguinario de la sublevación britona (incluso describieron rituales en los que sacrificaban bebés, elemento usado a lo largo de la historia para desacreditar a cualquier pueblo enemigo), omitiendo y por lo tanto poniéndose de acuerdo con la violencia de sus legionarios.

La visión de Boudicca en su carro de guerra, con su pelo flamígero ondeando al viento, y tal vez con el busto al aire teñido de azul, debía ser terrible. De todas maneras, no era la primera vez que veían a una mujer *de armas tomar*, ya que algunos de sus historiadores, como Diodoro, habían reflejado este hecho, no del todo extraordinario, en sus escritos.

Mujeres guerreras

En numerosas leyendas celtas aparecen mujeres guerreras; aunque sin serlo, muchas acompañaban a sus hombres a la guerra. En Irlanda se les llamaba *banfennid*, como lo fueron Criedne, que guerreó junto a los guerreros *fianna*. Las reinas Maeve de Conacht o Boudicca de los iceni organizaron y encabezaron un ejército, caso similar al de Onomaris, reina de los Scordisi que se enfrentó a los ilirios, siendo la fundadora de la actual Belgrado. Scathach y Aoife entrenaron al héroe irlandés Cu Chulainn en una isla de Escocia. En la Galia quedó la historia de Chiomara, capturada por un centurión romano. Este, tras violarla, pidió a su marido un rescate; cuando recibió el oro y se disponía a liberarla, ella le arrebató la espada y lo decapitó. Y se presentó ante su marido con la cabeza tomada por los pelos.

Igualmente se han encontrado tumbas femeninas de Centroeuropa con todos los aditamentos propios de los guerreros.

Unas leyes de 697 proscribieron los derechos de las mujeres guerreras.

Estrabón: Una mujer celta enfadada es capaz de partir avellanas con un chasquido de sus dedos.

Ammianus Marcellinus: Si un galo está en peligro, su mujer acude en su ayuda, hincha su cuello, rechinan sus dientes, agitan sus pálidos brazos en el aire y dan golpes y patadas como si fueran una bestia desbocada. Sólo pueden compararse con la fuerza de una catapulta.

Recobrado de la sorpresa, Suetonio reúne dos legiones, en total unos diez mil hombres, entre cuyas tropas auxiliares que no faltan britones, galos o celtíberos completamente romanizados. Será la batalla final, combatida en terreno descubierto: un valle estrecho y muy pedregoso, lo cual perjudicaba la acción de los carros de guerra britones.

Ambos bandos tenían mucho que perder y mucho que ganar. Se entregaron a la lucha con todo su ardor. Pero, una vez más, la disciplina y el orden de los legionarios romanos fueron decisivos frente a la fuerza bruta de los celtas, no importa que les ganasen en número. Mueren ochenta mil britones.

Boudicca, viendo que su huida no era posible y que estaba a punto de ser capturada por los romanos, decidió poner fin a su vida. ¿Qué no hubieran sido capaces de hacer con ella en caso de encontrarla viva?

Imposición de la «pax romana»

A Suetonio le sustituyó Petronio Turpiliano, que se encargó de mantener la «pax romana» de la manera más suave posible. Tal vez este periodo fuese aprovechado por los supervivientes de algunas tribus para reorganizarse, pues en tiempos de Vespasiano, que conocía bien la isla británica por haber combatido años antes en ella, los silures y los brigantes reiniciaron la rebelión. Aún así, los romanos mantuvieron sus puestos e incluso continuaron hacia el norte, internándose, pero sin asentarse, en la Caledonia dominada por los pictos.

El nuevo emperador, Adriano, tras perder a un tercio de la rehecha Legión Hispana en un ataque nocturno, mandará construir un muro de costa a costa (parte del cual aun puede verse hoy en día) para evitar o al menos dificultar las incursiones de los pictos. Será ese territorio del norte y las montañas de Powys (actual Gales), pobladas por ordovices, silures y demetas, los únicos que escaparán a la ocupación romana.

Tal como ocurrió en Hispania y Galia, muchos nobles britones, engatusados por los regalos y las prebendas, adoptaron las costumbres romanas: lengua, vestimenta, construcciones. La mayoría habitaron las nuevas ciudades donde intentaron vivir imitando los usos de la lejana metrópoli. Las comodidades y el orden hicieron mella, olvidándose los tiempos pasados.

Al revés que en otros sitios, en Britania no se promovió la supresión del idioma ni se intentó administrar civilmente el país, por lo que los campesinos mantuvieron sus costumbres. Aunque también hubo colectivos considerables que no tuvieron más remedio que cruzar el mar para establecerse en Armórica (actual Bretaña francesa, que también fue llamada la Pequeña Bretaña), donde se reencontraron con los descendientes de sus «hermanos de infortunio» galos.

Los grandes efectivos militares acabaron divididos en dos grandes áreas gobernadas, por un lado, por el *Dux Britanniarum*, que vigilaba las fronteras «peligrosas» (Caledonia al norte y Powys al oeste) y por otro el *Comes Littoris Saxonici*, que manda sobre la flota del mar Saxonicus.

Únicamente había comandancias cerca de los núcleos más grandes de población o donde se establecieron las colonias de veteranos, entre los cuales había hombres de innumerables procedencias, la mayoría de los cuales tomaron esposas britonas, quedando su descendencia diluida entre el resto de los nativos.

Pasado algún tiempo, en las fronteras orientales del imperio comienza a sonar la alarma. Los pueblos germanos, viejos conocidos de los romanos, han empezado a traspasar masivamente el Rin, respetado hasta entonces como frontera natural.

Las legiones acabarán abandonando la isla, ya que tenían que ocuparse de un enemigo demasiado cercano a la metrópoli, pero a los celtas britones les quedará un problema similar del que ya no podrían librarse: anglos, jutos y sajones comienzan a desembarcar en las costas orientales con la idea de establecerse. También hay otra invasión silenciosa y pacífica, que les llega desde Irlanda a través del reino de Dal Riada, fundado en el oeste de la actual Escocia por los irlandeses: los monjes del cristianismo celta, que tendrán su protagonismo en otro capítulo de este libro.

En este caldo de cultivo, una nueva figura saltará al escenario: el rey Arturo, cuya vida tiene todos los elementos de cualquier héroe celta que se precie, incluida una muerte heroica, que no supone derrota ni victoria, pero que en su caso le lleva hacia la isla feérica de Avalon, donde pasará la siguiente etapa de su vida y de donde regresará algún día para salvar a su pueblo. (Otro libro de esta colección recoge su historia y su mito).

Antes que Arturo, tuvo bastante celebridad Pelagio, que se fue a Roma predicando una variante del cristianismo que recibió su nombre (pelagianismo), que se oponían a las enseñanzas de san Agustín. Este último consiguió que se le excomulgase, siendo sus seguidores considerados herejes, porque, entre otras cosas, sus ideas estaban muy cercanas al druidismo de su tierra de origen.

Britania dejará de ser celta y de ser romana para ser anglosajona. Y así hasta ahora en que la cultura celta y los idiomas gaélicos pugnan por conservar su identidad, frente a la inmensa mayoría inglesa, en los reductos gaélicos de Escocia, País de Gales, Isla de Man y Cornualles.

3

Escenas de la vida cotidiana
(en Irlanda)

A DIFERENCIA DE CELTÍBEROS, GALOS O BRITANOS, LOS CELTAS IRLANDESES NO TUVIERON QUE ENFRENTARSE A LOS ROMANOS. Aunque podríamos decir que poco les faltó, porque, a diferencia de lo que se ha dicho a lo largo de siglos, los romanos sí llegaron a esta isla, como así lo atestiguan los descubrimientos arqueológicos de Drumanagh. Pero, Agrícola, el gobernador de Britania, no debió considerarla de suficiente interés como para dividir las fuerzas que necesitaban en su isla. Así se libraron los irlandeses tanto de la invasión militar como de la romanización que el imperio esparcía según avanzaba por los territorios que consideraba como bárbaros.

Eso hizo que en Irlanda perdurasen las costumbres celtas más que en ningún otro sitio, por tanto, será aquí donde veamos el tipo de vida de este pueblo a lo largo de un año y sus acontecimientos más importantes.

Así que, hagamos un salto en el espacio hacia Irlanda, concretamente a Ulad (Ulster), la provincia norteña de la «isla esmeralda». Y en el tiempo, en torno al comienzo de la era cristiana; o sea, más o menos contemporáneo a lo que hemos visto hasta ahora.

Es la época de Conchobar, bajo cuyo reinado vivieron grandes personajes y ocurrieron infinidad de acontecimientos que quedaron reflejados en las leyendas del llamado «Ciclo del Ulster», que han llegado a nuestros días gracias a que fueron trascritas por los monjes irlandeses medievales.

Para observar la vida cotidiana de estas gentes, sigamos la rueda del tiempo con sus cuatro grandes festividades, tal como la entendían los celtas de Eriu (uno de los muchos nombres que tuvo Irlanda, en gaélico antiguo) en su calendario agrícola de celebraciones lunares. Algunos los llaman *fior raitheanna*, o los «cuartos auténticos», frente a las otras fiestas solares, los solsticios (*alban arthuan* y *alban jeruin*) y equinoccios (*alban eiler* y *alban elved*), que no tuvieron entre ellos demasiada importancia.

SAMHAIN EN MUIRTHEMNE

Uno de noviembre. Primera luna llena de invierno que supone el fin de un año y comienzo del otro. (Aunque tradicionalmente se considera el uno de noviembre como el comienzo del año celta, en la antigua Irlanda no tenían calendarios mecánicos e inflexibles. Esta fiesta se celebraba siempre en la primera luna llena del ciclo invernal. Esta nota también vale para las siguientes celebraciones).

Estamos en la llanura de Muirthemne, no muy lejos de Emain, la capital de Ulad. Las cosechas están recogidas y el ganado puesto a resguardo. Los campos están desiertos y los árboles desnudos. Las aves migratorias ya se fueron buscando lugares más cálidos. El único ruido que rompe esa inquietante calma es el del viento agitando las hojas muertas. Sería una visión desoladora sino fuera porque así es la rueda de la vida; esa *roth fail* ha girado hasta la zona de la oscuridad y la quietud, que durará seis meses, justo hasta la fiesta de Beltane. Así es el modo de entender la vida para este pueblo: el invierno precede al verano, como la noche al día y la muerte a la vida. Nada llega sin que le preceda su contrario.

En un altozano de la llanura destaca el *rath* (fortificación circular) de Sualtan y Degtera, padres del recientemente fallecido Cu Chulainn, al que ya se considera como el héroe de toda Irlanda.

Los dos, desde lo alto de la empalizada, observan la puesta de sol y justo cuando deja de verse tras la línea del horizonte (comienzo del nuevo día), dan el aviso a los que esperan impacientes en la explanada cercana a la puerta. Ha comenzado el *oidhche shamhna*, la primera de las tres noches que dura esta fiesta (en el calendario galo de Coligny se llaman *Trinouxtion Samonii* o las Tres Noches del Fin del Verano).

El druida Cathbad, que es el invitado especial, enciende la gran hoguera, en la que cada uno ha puesto una figura de madera que representa todo lo malo que le ha ocurrido durante el año que acaba de terminar; es una manera de purificar la mente para poder hacer frente al oscuro y frío invierno. Mientras las ven arder, en un silencio solamente roto por el crepitar de las llamas, todos hacen un recuento interior de lo que ha pasado, de cuánto eso se asemeja a los proyectos que hicieron justamente en el Samhain anterior y qué es lo que quieren para el nuevo año. Algunos echan piedras marcadas al fuego; a la mañana siguiente irán a buscarlas. Se considera un signo de mala suerte si alguien no encuentra la suya; la muerte le rondará durante este año. (En otros tiempos y lugares esta era la forma de elegir al que debía ser sacrificado

107

ritualmente a los dioses en la celebración del verano, lo cual debía ser un gran honor para el «afortunado»).

Esta no será una celebración muy bulliciosa (aunque en el exterior habrá gente cantando y bailando hasta que la hoguera se extinga), tal como suelen serlo las demás, ya que Samhain es una fiesta introspectiva, dedicada especialmente a los seres queridos que se fueron durante el año anterior. A nivel sobrenatural, ese día las puertas de mundo físico y el «otromundo» quedan abiertas para que los espíritus de los difuntos puedan volver a visitar a sus familiares. Tal vez algunos niños que van a nacer en fechas próximas sean el nuevo alojamiento para aquellos que han sido enviados por los dioses como una nueva oportunidad para mejorar su condición espiritual, antes de acceder a otros planos más elevados de la existencia.

Los tambores sonarán de manera casi hipnótica hasta muy avanzada la noche. Es una manera de atraer a los propios espíritus y alejar a los extraños. También se pondrá un plato más en la mesa y se cenará en silencio y con una actitud reverencial; después, algunos especialmente sensibles entrarán en un estado meditativo para comunicarse con ellos. Celebración, ceremonia, misterio, comunión, ritual iniciático al alcance de todos; la vida y la muerte, la muerte y la vida fraternalmente unidas como nunca, para que los vivos no teman lo que inevitablemente llegará, tal como ya les llegó tantas veces antes de esta; para que los muertos recuerden el calor de un hogar y decidan iniciar una vez más el camino de vuelta como un nuevo miembro del clan.

Claro que eso también tiene su peligro cuando el espíritu no está satisfecho con lo que está haciendo la familia, lo que puede llevar a algún tipo de castigo. O cuando llegan otros como los *sluagh*, no invitados ni bienvenidos, malignos y desarraigados, que sólo buscan poseer un cuerpo durante esa noche y volver a tener las sensaciones que echan de menos aquellos espíritus que no encuentran la paz. Pensando en ellos, algunos bailan con extrañas máscaras que asemejan a los muertos; por un lado es la manera de que no los reconozcan, por otro, una manera de representar aquello que se teme y así exorcizar el miedo. Tras realizar una frenética danza comienzan a perseguir a la gente de una manera simuladamente aterrorizadora hasta que les entregan una manzana o algún otro regalo.

En Muirthemne han muerto varias personas durante el año pasado, pero el recuerdo general es para Cu Chulainn. Aunque nadie espera que vuelva esta noche, ya que él no ha recorrido el mismo camino que el común de los mortales: el dios Lug, su padre espiritual, se lo llevó consigo como premio a su corta pero intensa vida llena de actos valerosos.

Entramos en el salón comunitario del fuerte, iluminado esta noche, al igual que el interior de las casas, por lámparas puestas en el interior de calabazas y viejos cráneos. En las paredes hay símbolos en forma de triskeles y nudos; también algunas armas.

Cathbad es el centro de atención. Ya es muy mayor, pero conserva el porte de autoridad y sabiduría de los grandes druidas. Se rumorea que es el auténtico padre del rey Conchobar, aunque este sólo lleva el apellido de su madre (mac Nessa), que fue esposa de Fergus, el anterior monarca de Ulad. Con su lenguaje solemne, habla de la Cailleach, una antigua manera de denominar a la Diosa, cuyo aspecto va cambiando a lo largo del año, al igual que la naturaleza y los sentimientos de la gente, mostrándose en Samahin como una vieja decrépita pero sabia. La sabiduría de la Diosa, que en estos días revela a quien a ella accede los secretos de la muerte y la reencarnación, contrastan con la muerte del Dios.

Después despliega su gran memoria evocando las imágenes con que asocia la secuencia de acontecimientos. Su mirada parece estar contemplando otros tiempos y otros mundos cuando la voz, esa voz de la que es imposible abstraerse, comienza a declamar los nombres de las genealogías de Sualtan y Dechtera. Diecisiete generaciones de cada uno, alrededor de quinientos años, que mantienen la llama de la existencia por el simple hecho de ser recordados por druidas y bardos.

En un extremo del salón, una mujer llora pensando en su hijo. No ha muerto física pero sí socialmente. Tras cometer un crimen huyó del poblado, convirtiéndose en un *fennid* o forajido al que le ampara ninguna ley, ni divina ni humana. La madre se lamenta, preguntándose una y otra vez donde estará su hijo y cómo lo estará pasando. Su llanto no es sólo por el frío o el hambre que pueda estar pasando, sino por su desvalimiento frente a los posibles seres malignos que esa noche camparan a sus anchas por la tierra. Cualquier cosa se puede esperar, y tal vez no sea la muerte la peor.

No es el único forajido; realmente este tipo de gente es un auténtico problema para el rey Conchobar, que no para de recibir quejas de viajeros asaltados por los caminos o de mujeres violadas en los campos. Y todos le acusan a él. Al fin y al cabo es el rey y un rey debe extender la protección que le otorga la Diosa; y, si deja de responder a las expectativas, la legitimación divina quedaba anulada, permaneciendo el rey enfermo, lo que era equivalente a tener una tierra sin cosechas. (La figura del Rey Pescador del ciclo artúrico es bien representativa).

Para resolver ese problema de seguridad se ha creado la Rama Roja *(Craebh Ruadh)*, buenos guerreros que, además de servir como guardia personal de Conchobar, ocupan su vida en la defensa de los demás. Cuando llega el invierno, de forma similar a las aves migratorias, se repliegan al calor de su cuartel en Emain, junto a su rey. Pero algunos de ellos han sido invitados por Sualtan a su fiesta.

Algunos muestran con todo el orgullo de que son capaces su colección de cabezas cortadas por ellos mismos, sin ahorrarse detalles de cómo las consiguieron. La mayoría son hermosos cráneos, bien limpios y pulidos, pero también hay cabezas más reciente, momificadas con un carísimo aceite de cedro que consiguen ciertos mercaderes provenientes de algún lugar lejano del mundo, y sujetas por una cabellera que no ha parado de crecer.

No son cabezas cualesquiera. Todas ellas pertenecieron a grandes guerreros, a los que le llegó su hora. La cabeza cortada inmediatamente, antes de que pueda salir el espíritu que está alojado en ella, es un objeto de gran valor material (se pueden pagar cantidades enormes por las de guerreros de gran prestigio), pero sobre todo espiritual, ya que la fuerza y el coraje del buen guerrero caído pasa a quien ahora la posee. Ese espíritu también está obligado, por las leyes de los dioses, a protegerlo.

De vez en cuando, los druidas reciben cabezas de alguien que necesita hacer una buena acción para redimirse de algún mal mayor. A ellos corresponde liberar a ese espíritu, agujereando el cráneo.

Alguien cuenta una historia que a los guerreros les gusta recordar: En un banquete de Emain, Cet reclama para sí el derecho de cortar el primer trozo de carne por ser el mejor de todos los presentes. Entonces se levanta Connall, que no está dispuesto a perder su puesto. Cet se retira, pero dice que allí debería estar su amigo Aulan, frente al cual Connall no tendría nada que hacer. Y Connall lo corrige: Aulan está presente; su cabeza, aun chorreante de sangre, cuelga de su cinto.

El druida Cathbad se aleja del barullo y sube a la torre de vigilancia que hay junto a la puerta del fuerte. Desde allí contempla un trozo del cielo nocturno a través de un claro que se ha abierto entre las nubes. Sus ojos no pueden ver todo lo bien que le gustaría, pero mira hacia donde deberían estar las Pléyades, que justo esa noche comienzan a elevarse tras el horizonte, marcando un arco que se cerrará seis meses después con la fiesta de Beltane.

Se le escapa un suspiro recordando todas las historias que sobre esas enigmáticas estrellas ha estado escuchando desde niño. Una de las obsesiones que le ha acompañado toda la vida ha sido desentrañar su misterio, pero ni las enseñanzas de sus maestros ni sus meditaciones han podido saciar la sed. Musita una oración para Tlachtga, la hija de Mog Ruith (antiquísimos druidas deificados), aquella que proporciona las revelaciones, por si esta vez está por la labor de concederle la gracia, aunque teme que la escurridiza diosa mantendrá su indiferencia hacia su obsesión.

Después recuerda que justo en esos momentos, en ciertas cuevas, algunos novicios de las escuelas druídicas estarán inmersos su gran prueba iniciática. En ella morirán simbólicamente y podrán ver a la Cailleach sin velo (tema especialmente delicado, ya que, para quienes no lo puedan superar podría suponer la locura o una muerte real) para renacer como una nueva persona. A la mañana siguiente vestirán la túnica blanca y serán considerados druidas. Tomarán un nuevo nombre y romperán cualquier vínculo con su clan y tribu. Serán personas libres, aunque sujetas a un preciso código de conducta, entregadas al servicio permanente de la comunidad. Pero hay algo que les separa de los demás. Ahora vivirán en un mundo de fronteras imprecisas entre diversas realidades que sólo en ciertas ocasiones llegan a entrar en sintonía. Las enseñanzas recibidas y las pruebas pasadas les permiten conocerlo todo, ser cualquier cosa y tener la capacidad de sufrirlo todo; saber, atreverse, guardar silencio. Eso no es para todos.

Pero sigamos con la fiesta. Esta noche no es la más adecuada para darse un vuelta por el exterior. Además de que no todos los seres que «cruzan la puerta» llegan con buenas intenciones, también están los habitantes del *sidhe*, la tierra de las hadas, que pueden invitar a un humano a visitar su mundo maravilloso. Corren infinidad de historias sobre gente que cruzó el umbral y ya no se supo más de ellos, aunque también los hubo que tras unos pocos días de estancia y de perpetua felicidad sintieron la nostalgia de su mundo imperfecto pero lleno de las más variadas sensaciones, y se empeñaron en regresar. Nadie se lo impidió, aunque a todos dieron el mismo aviso: no pises la tierra.

Pero el ansia por ver de nuevo a los suyos les hacía olvidar la advertencia y, en cuanto ponían en pie en el suelo, el cuerpo recuperaba todo el tiempo que había transcurrido en el mundo de los hombres: muchos años, incluso siglos. No eran capaces de reconocer a nadie, aunque tal vez alguien sí recordase la historia de aquel que un día entró en el *sidhe* y ya no se supo más de él. En esos momentos, el dolor por lo que se ha perdido, tanto en un mundo como en el otro, es atroz. La muerte no tarda mucho en llegar y el cuerpo se desmorona bajo el peso del tiempo.

De igual modo, los seres del *sidhe* a veces sienten ganas de vivir una temporada como humanos. Eso supone perder casi todos sus poderes y habilidades sobrenaturales. Suelen ser mujeres *(ban-sidhe)* y el amor por un hombre suele ser el factor determinante, lo que hace suponer que en su mundo este tipo de sentimientos interpersonales no existía. Y no importa que la nueva condición lleve consigo otros factores desconocidos aunque no tan deseables, como el sufrimiento, el dolor, la enfermedad.

Podría decirse que esto era una especie de vacaciones en el mundo de las sensaciones. Terminado el periodo, regresarían a su mundo, en el que apenas han pasado unas minutos y tal vez nadie les haya echado de menos.

Imbolc en la Herreria De Cullan

1 de febrero. Seguimos en las proximidades de Emain, pero esta vez nos dirigimos a la herrería de Cullan.

El herrero es extremadamente viejo para la media de vida considerada normal; y la fuerza y el pulso que le hicieron célebre en su profesión ya no le acompañan. Como dicen los irlandeses, «pronto verá a la Luideag», que no es sino otra manifestación de la diosa que, en forma de lavandera, anuncia la muerte a alguien de especial relevancia. Y Culain lo es. A él se deben las buenas armas que portan Conchobar o los caballeros de la Rama Roja. Y eso por no hablar de la formación de Cu Chulainn durante aquel periodo en que el niño se comprometió a hacer de perro guardián para él, poniéndose al servicio del herrero ocupando el lugar del perro al que había matado cuando llegó tarde a una fiesta y le atacó. Fue entonces cuando aquel Setanta pasó a llamarse Cu Chulainn, el Perro de Cullan.

Esto forma parte de la ética de este pueblo. Alguien puede llegar a la servidumbre voluntaria por haber roto un acuerdo, faltado a la palabra dada, no haber podido pagar una deuda o causar una gran pérdida. Estas causas suponen un desequilibrio y una manera de reparar la falta es ponerse al servicio de esa persona durante un determinado periodo de tiempo. (Ese tipo de compensaciones temporales por los daños causados, tan importantes dentro del sentido del honor en el mundo celta, algunos cronistas extranjeros, que describieron lo que veían sin comprenderlo, lo confundieron con la esclavitud. Aunque esta también existía).

Cullan es consciente de que ya no verá otro invierno y quiere aprovechar la oportunidad para despedirse a lo grande. Por eso ha invitado a todos aquellos que han supuesto algo importante en su vida; incluso hay algún que otro «enemigo» entre los invitados, gracias a los cuales tuvo la necesidad de espabilarse o de cambiar su forma de actuar en algún momento de su vida, lo cual, a la larga, fue bueno para él y los suyos.

La herrería esta dentro de todo un *caher* o fortaleza de piedra (similar a los castros de Celtiberia), al lado de un río, aunque la muralla pétrea es más bien una demarcación territorial, ya que prácticamente nunca se cierra la puerta. El pequeño poblado interior, tomado en su conjunto (vivienda principal, herrería, establo, vivienda de los sirvientes), es casi un fuerte en sí misma. Gruesas rocas, similares a las de los megalitos, forman los cimientos, adaptándose a las irregularidades del terreno, de manera que, según de donde se llegue, sólo el humo detectará su posición. Gran parte de la vivienda está dentro de la tierra y, cuando se cierra el grueso portón de roble reforzado con piezas de hierro, sólo sería posible atacarla cavando un túnel. Por las noches o cuando se celebra alguna fiesta, esa puerta permanece cerrada y sólo los perros, los famosos perros de Culain, tienen permiso para estar detrás de la muralla. Y pobre del que ose pasar... a no ser que sea alguien como Cu Chulainn.

Los herreros que trabajan bajo la supervisión de Cullan, con los torsos enrojecidos y sudorosos, dejan sus herramientas mientras recitan una corta oración de agradecimiento a Brigit, su diosa protectora. Al contrario que los campesinos o los guerreros, para ellos no hay temporada de descanso. Larga es la fama de los productos que salen de aquella herrería y reciben encargos de toda Irlanda.

Bajan por unos escalones de piedras muy gastadas por el uso de siglos; iluminándose con una antorcha recorren un pequeño laberinto, en el que tienen que sortear las retorcidas raíces del viejo roble que puede verse al otro lado del río, hasta que la luz se refleja en la cabeza de una criatura del inframundo. Es una antigua obra de bronce que ya se encontraba en aquel lugar cuando los antepasados Cullan decidieron, siguiendo un sueño profético, instalar allí la herrería, en la intersección de las aguas de ambos mundos.

Por la metálica boca de la criatura sale continuamente un buen chorro de agua termal. Este es uno de los grandes secretos de Cullan, ya que a esta agua especial deben tanto el buen temple de sus armas como la salud y longevidad de su familia. Otro regalo de Brigit, que esta vez él sólo comparte con los de su clan. Como este es bastante extenso, la visita a la herrería se ha convertido casi en una peregrinación, que a ojos externos no es sino una vieja costumbre familiar unida a la prosperidad y generosidad propia de Cullan; algunos incluso lo llegan a comparar con Dagda, el buen dios y padre de dioses, de cuyo caldero de hospitalidad nadie se retiraba insatisfecho.

Todos se desprenden de sus petos de cuero y van pasando bajo el chorro para desprenderse de la suciedad siguiendo un preciso orden jerárquico, al modo de los guerreros. Después se sientan dentro del depósito de agua con forma circular, al que llaman el Caldero, y el viejo Cullan recita una oración de versos incomprensibles. Todos dan por sentado que son palabras de poder, en las que resuenan ancestrales conjuros; puede que en su tiempo lo fuesen, pero ahora sólo sirven para medir el tiempo en que han de permanecer dentro del agua para que la energía que esta aporta no se vuelva peligrosa. Es algo similar a las oraciones para medir el temple de las armas y las herramientas, aunque todos jurarán que la magia está involucrada y que los espíritus de Diancetch y Goibniu, el médico y el herrero de los Tuatha Dé Danann, están presentes en aquel lugar.

Fuera, cae la nieve; lo cual alegra especialmente a los niños, que juegan a tirarse bolas o a construir su particular visión de los seres del *sidhe* o de los animales totémicos de sus

tribus, mientras lo permite la luz. Y cuando toman sus lige-
ras armas de madera y se enzarzan en sus juegos de guerra
ninguno de ellos se imagina otras aventuras que las de su
héroe, Cu Chulainn.

Los invitados van llegando y lo primero que hacen es ir
a ver a los corderos que acaban de nacer. Es la tradición de
ese día. Nadie escatima alabanzas ni elogios. Casi puede
decirse que ellos son los protagonistas de la fiesta que está
a punto de iniciarse.

El atardecer se ha presentado muy frío y todos se arre-
bujan bajo el manto y dan pataditas en el suelo. El cielo,
completamente cubierto de espesas nubes, impide ver la
puesta de sol, así que es Breac, uno de los muchos hijos de
Cullan, que está recibiendo preparación en la escuela
druídica de Bangor, a quien se le concede el honor dictami-
nar el momento justo en que debe comenzar el Imbolc, fiesta
con la que también se inicia el «mes del lobo».

Breac enciende la gran hoguera mientras dice: *La Diosa,
en forma de Cailleach, se despide del mundo y aparece con la
forma de Brigit, la resplandeciente. El periodo de introspec-
ción que comenzó en Samhain, ha dado sus frutos, se han di-
luido poco a poco los problemas y las obsesiones que se fueron
cargando y que llegaban a pesar tanto como para impedir dis-
frutar la vida. Esta es una fiesta del comienzo y de la inocencia. Es el retorno de la luz a la vida, tanto física como espiritual,
a pesar de que el duro invierno aun nos mantendrá un poco
apagados. Honremos a la Diosa disfrutando todo cuanto sea-
mos capaces.*

Justamente esa ruptura de la monotonía en medio del invierno es una de las razones por las cuales es tan amada Brigit.

Mujeres celtas

La mujer celta contaba con una situación y unos derechos impensables en sus contemporáneas del mundo llamado civilizado, griegas y romanas. Hubo en el mundo celta reinas, guerreras, embajadoras, druidesas; podían heredar, participar en la vida social, controlar sus propiedades o pedir el divorcio. Las tumbas de las llamadas princesas de Vix o Reinham muestran una forma de enterramiento que normalmente estaba destinada a los reyes o grandes guerreros.

De esas mujeres no sabemos su nombre, pero han pasado a la historia otras como Maeve, Aoife, Boudicca, Eponina,

Cartimandua y Onomaris, que tuvieron su continuidad en el celtismo cristianizado con Brígida. En uno y otro caso llegaron a escandalizar a Roma, tanto la clásica como la católica, que no veía con buenos ojos el poder de aquellas mujeres.

La declaración de una esclava gala a su ama romana indica que las mujeres de la Galia elegían con quien querían casarse, tras conocer en todos los aspectos a todos los jóvenes candidatos. Otros textos citan la costumbre de que la mujer compartiese lecho con los hermanos del marido o con los invitados.

Los cronistas romanos destacaron, entre otras cosas, la fecundidad de las mujeres celtas. Justamente ese era algo que se tomaban tan en serio como para dedicar rituales especiales, sobre todo relacionados con piedras a las que se atribuían propiedades que facilitarían el embarazo. Algunos citan también la tolerancia de los celtas hacia sus esposas, que pueden mantener relaciones con quien les venga en gana.

Cuando algunos celtas britanos fueron llevados a Roma como cautivos, durante el reinado del Emperador Claudio, ellos automáticamente asumieron que su esposa, la joven Agripina, era la dirigente del país. Así, ignorando al emperador, le ofrecieron su sumisión a ella.

Pero, no nos engañemos, la sociedad celta no era matriarcal; era una sociedad de guerreros, con sus múltiples variantes; aunque, eso sí, concedía a la mujer un papel muy superior al de otros pueblos contemporáneos. Da la impresión de que esta sociedad guardaba cierto reflejo de esos tiempos pretéritos que aparecen en tantas mitologías en los que el matriarcado era la forma natural de existencia.

Esta manifestación de la diosa es la patrona de los sanadores, los herreros y los poetas. También le rezan los *filid*, dedicados a la profecía, ya sea observando los astros, las nubes, los pájaros, los sueños o las entrañas de los cuerpos sacrificados. También siguiendo algunos complicados rituales, como el *imbas forasnai*, del que, tras un periodo de meditación, saldrán con una visión que habrán de interpretar.

Los pequeños, con ojos como platos, escuchan las historias contadas una y otra vez por las tierras de Irlanda, aunque para la mayoría de ellos esta es la primera vez que lo hacen de la boca de alguien a quien ya consideran un druida. Breac les habla de ciudades sumergidas, de la llegada de los milesianos a Irlanda o de aquel que decidió ir a encontrar el centro del mundo y cuando llegó a la vejez comprendió que ese centro estaba donde cada cual tuviese puesto sus pies.

Hace como que ya ha terminado, pero ante la insistencia de su joven público, cuenta la historia de cómo un hada castigó a ciertos niños que habían tirado piedras sobre un túmulo del antiguo pueblo, convirtiéndolos en cerdos durante todo un año. Con un «¿os gustaría que algo así os pasara a vosotros?», termina definitivamente su función. Desde pequeños deben aprender que los seres feéricos (*feadh-ree*) no deben ser molestados bajo ninguna circunstancia.

Narraciones, poemas, canciones, trabalenguas, todo sirve para transmitir la historia y el conocimiento. Todo menos la letra escrita, un gran tabú. Las palabras eran un elemento vivo, cualidad que los druidas no concedían a las letras.

Estamos en medio del invierno y en los almacenes se nota. Aun así, para esta fiesta se ha guardado lo suficiente, además de los animales que se han sacrificado, para que nadie pueda quejarse de haber pasado hambre o sed. El comportamiento en la mesa no es lo que hoy en día, o entonces para griegos o romanos, se considera correcto. Comen con las manos, no se limpian la grasa de la boca, eructan continuamente o tiran huesos al suelo (a veces, a quienes están al otro lado de la mesa). La *cuirm* (cerveza), bebida en cuernos o en vasos de barro o de madera, se derrama tanto por sus pechos como por sus bocas y el suelo acaba convertido en una pegajosa charca donde muchos resbalan, lo cual es celebrado con grandes carcajadas. Las mujeres, con las mejillas maquilladas y las uñas pintadas para la fiesta, no muestran el menor recato. Alegres canciones coreadas por todos se suceden a comentarios jocosos donde se mezclan las puyas y las obscenidades.

Después, los hombres fanfarronean sobre hazañas reales o medio inventadas. Algunos jóvenes juegan al *brandubh* (cuervo negro) sobre un tablero que representa a Irlanda. Una mujer canta una tonada sobre las distintas clases de vientos que soplarán durante aquel mes. Otra, algo apartada del grupo, canturrea una nana en la que enumera los distintos pájaros y como se van a dormir a sus nidos. Su hijo ha recibido esa misma mañana la *baistead geinntlidhe* o primera protección (algo equivalente al bautismo) y se ha plantado su árbol. Lo contempla pensando en que, antes de lo que ella quisiera, tendrá que irse al poblado donde vive su hermano para recibir su educación. Pero en su caso, no tendrá que pagar la vaca y la plata que estipula la ley (por cierto que las niñas salen más caras, pues necesitan más atenciones), ya que ellos recibirán a otro niño.

La mujer interrumpe su canto para saludar a alguien a quien todos respetan especialmente. Se trata de Biann, del hospital-escuela de Tonregam, una mujer médico que ha logrado salvar la vida a innumerables madres tras practicarles la cesárea; también ha curado a un rey de un tumor realizando trepanaciones en su cráneo, y no sólo no murió sino que, según decía él mismo, aquello incrementó su inteligencia. En su bolsa de cuero guarda hierbas curativas y piedras sanadoras, además de tener siempre presente la situación de los astros, ya que estos determinarán muchas veces el tipo de tratamiento

La pertenencia a la tribu y al clan dejaba poco lugar a la familia, tal como la conocemos ahora, que no comenzó a tener relevancia hasta que se adoptaron las costumbres romanas. Por eso, los niños son criados por familias amigas,  que los tratan como a sus propios hijos hasta que llegan a los diecisiete años (aimsir togu o mayoría de edad), estando este periodo dividido en tres partes que, a su vez, están relacionadas con su nivel de responsabilidad y los castigos que pueden recibir: antes de los siete años pueden ser golpeados (sólo se salvaban los hijos de reyes) tras tres avisos (tal vez de ahí venga lo de «te cuento hasta tres» como amenaza), aunque debe hacerse de manera que no queden marcas. Entre los siete y los doce el castigo se transforma en privación de la comida. Y hasta los diecisiete, el joven debe pagar un compensación por lo que haya hecho, según las correspondientes leyes.

a aplicar. Le acompañan los cuatro alumnos que cada médico debe mantener y a los que enseña, junto a otros, en el hospital que dirige.

Las leyes irlandesas recogen la ayuda que los enfermos de cualquier estrato social, y sus familias, deben recibir; los pagos que debe hacer una persona que hiere a otra y que daba ser internada; o los de un patrón con su obrero en similares circunstancias.

Algunos jóvenes comienzan una pelea coreada por los demás. Es violenta y al mismo tiempo alegre, hecha por el placer de hacerla. La sangre y los moratones no impiden a los contendientes compartir después la cerveza. La fiesta acaba con cánticos en honor a la Diosa, en los que se le pide que no olvide golpear la tierra con su vara blanca para ir despertándola del letargo. También hay canciones referidas a los manantiales, la mayoría de los cuales están bajo su protección.

BELTANE EN TARA

Uno de mayo. Salimos de la provincia de Ulad para dirigirnos hacia Tara, lugar considerado como el corazón de Irlanda. Aquí está la residencia del Gran Rey (el nombre completo de este lugar era *Tamhair-na-Riy,* Tara de los Reyes), Conaire Mór, elegido entre los monarcas provinciales, a los que intenta gobernar desde la llamada «quinta provincia». Su cuerpo de elite, los *Fianna,* son célebres en toda Irlanda, tanto por sus hazañas como por la rivalidad entre los dos clanes que lo forman: los Morna de Connacht y los Baiscne de Leinster.

También hay en este lugar una importante escuela llamada *Mur Ollamh,* la Casa de los Sabios, donde acuden jóvenes de toda la isla a recibir formación por parte de bardos y druidas, y un hospital llamado la Casa de los Pesares, donde se atiende a enfermos y heridos.

El tiempo ha mejorado ostensiblemente. La naturaleza está en todo su esplendor, demostrando que la «isla esmeralda» merece este apelativo. El ganado pasta en los prados y los campesinos se ocupan de sus cultivos. Las fachadas de las casas se limpian y encalan, los techos se renuevan. Las mujeres lavan las ropas en el río. Los caminos se llenan de mercaderes, peregrinos, mensajeros.

Pero la víspera de este día hay en el aire una vibración especial que parece anunciar lo que vendrá después: la fiesta dedicada a Bel, Beli, Beul, Belenos; en todos los casos, el luminoso, dios solar y sanador.

Los nobles de las cuatro provincias van llegando con sus séquitos, pero también campesinos que hacen un largo camino, casi una peregrinación, para ver el esplendor de tal celebración nada menos que junto al Gran Rey, sus consejeros y guerreros, todos vestidos especialmente para la ocasión, y de algunos de los más prestigiosos druidas y bardos. Aunque no faltan los que quieren tocar con sus propias manos la piedra *Lia Fail*, que reconoce la legitimidad de un rey, por si acaso. Algunos incluso han llevado consigo a sus vacas, adornadas con flores y ramas, para que un druida se las bendiga con el agua del manantial sagrado.

El sol comienza a esconderse tras la línea del horizonte, todos los fuegos de Irlanda se apagan y nadie podrá encender uno hasta que lo haya hecho el de Tara. Graves penas hay dictaminadas para quien quiebre esta norma (el primero que lo hizo históricamente fue san Patricio, justamente en una colina cercana a Tara, y sólo una especie de oración que le proporcionó la invisibilidad le libró de la muerte por parte de los soldados que contra él mandaron el rey Loegaire y su druida Dubhtach).

Una gran multitud se agolpa en un amplio círculo. A un toque de trompa dejan abierto un pasillo por donde entran las personalidades que protagonizan la ceremonia. Hay muchos invitados. Todos los presentes saben interpretar los signos externos, que suponen una especie de ficha personal: colores y adornos identificativos de tribu y clan, pero también de clase social, jerarquía, estado civil, cualidades guerreras demostradas y posiblemente un montón de cosas más que ellos consideraban útiles.

Hay pocos druidas en esta celebración porque la mayoría de ellos tienen la suya propia en la colina de Uisnech, «el ombligo de Irlanda», donde se cree que ardió el primer fuego sagrado de la isla durante nueve años seguidos, cuando llegaron los legendarios nemedianos con su druida Mide. Nadie que no sea druida puede asistir a su fiesta y ellos nada cuentan sobre ella, pero se dice que llegan a «bañarse en el fuego».

Aunque cada tres años tienen otra reunión, el *Feis Temhrach*, justamente en Tara, para revisar las leyes y hacer un repaso de los juicios celebrados hasta entonces; entre otras cosas, les sirve para establecer los *fasach* o precedentes que refuercen las decisiones tomadas (en la Galia, tal vez hiciesen algo similar en las reuniones periódicas en el bosque sagrado de los Carnutos, en la actual Chartres). Esta reunión también puede incluir el castigo de los *brehons* que hayan emitido sentencias incorrectas o se hayan dejado llevar por el partidismo.

Quien sí está es Morann, el *ollamh fodhla* o el druida jefe, acompañado por Athairne, el *ard ollamh* o jefe de los bardos. Este último –del que se dice que es un experto en *rosc*, poesía mágica con la que consigue materializar cosas mientras las pronuncia–, destaca especialmente por su *tuige* (capa de seis colores adornada con plumas de aves) y una *creab ciuil* (rama de oro con unas campanillas colgando), mientras que el druida sólo rompe la imagen de austeridad con una corona de hojas de roble. Sobre este recae el honor de prender las dos grandes hogueras, donde se han repartido nueve clases distintas de leña que han traído nueve hombres. Y con este fuego se da comienzo a mitad luminosa del año. Vigías situados en lo alto de las colinas irán prendiendo las suyas que servirán de aviso, expandiendo la noticia por todos los rincones de la isla.

Tambores, flautas y gaitas hacen vibrar el aire, mientras el ganado es conducido entremedio de las dos hogueras. Después lo hacen las personas. Algunos padres incluso pondrán a sus bebés en manos de un druida para que esté lo pase durante unos instantes sobre las llamas, en una especie de baño de fuego purificador. Para unos y otros, todo cuanto de negativo estaba pegado en el cuerpo o en el espíritu, ahí se queda, atrapado en los fuegos de Bel.

Un *filidh* ha sacrificado un toro blanco y le extrae las entrañas; tras observarlas cuidadosamente comienza a hacer predicciones sobre los temas que le consultan. Después, con esas mismas entrañas en las manos, varios hombres y mujeres caminan lentamente sobre las brasas de madera de roble que se han preparado para este ritual. Es una especie de ordalía voluntaria con la que estas personas muestran estar en armonía con los dioses y la naturaleza. Reciben al mismo tiempo la bendición del *ollamh fodhla* y la aclamación de los presentes, incluido el rey, al que le gusta tener en su entorno a gente capaz de pasar esta prueba. (Siglos más tarde, esta ceremonia sería forzosa para quienes quisieran probar su inocencia).

Cada celebración es algo parecido a un nuevo comienzo, pero el Beltane es especial. Es tiempo de creatividad, de llevar adelante los proyectos planificados en los meses previos. Hay en el aire una especial ilusión y una esperanza renovada: la vida puede mejorar. Por otro lado, si todas estas fiestas son desinhibidas, esta lo es más. Las hormonas, la germinación y el instinto de supervivencia corren paralelos en la «parte joven» del año, con la tierna Diosa deseosa de nuevas experiencias.

Varios bardos, acompañados por sus arpas, entonan genealogías reales o cantos que rememoran a los grandes héroes; pero los que más público atraen son aquellos que se decantan por unas canciones especiales para una noche como esta, cargadas con frases de doble sentido.

Aunque tenga el nombre de Lia Fail, seguramente no es esta la que originariamente así se llamó. El rey Fergus, que se marchó con los suyos a formar el reino de Dalriada, en la vecina Escocia, se llevó la Piedra del Destino (más tarde llamada de Scone) sobre la que serían coronados todos los reyes escoceses. Aunque sin duda esta otra piedra sirvió para ciertas ceremonias relativas a la fertilidad.

Los barriles de cerveza se van vaciando mientras se desarrollan las danzas en torno a un adornado poste. La «doncella florida» desliza un anillo de flores por la piedra (fálica) *Lia Fail*; también ponen flores sobre la piedra tallada con la grotesca forma de una *sheela-na-gig* que aleja a los malos espíritus mostrándoles su vagina extremadamente abierta. Muchas parejas se alejan de las fogatas y se pierden en la oscuridad de la noche. Los jóvenes que han pasado los correspondientes rituales pueden tener sus primeras relaciones sexuales. Nueve meses más tarde, en torno a la fiesta de Imbolc, se producirán muchos nacimientos: son los hijos de Bel, portadores de buena suerte. Quien fuese el padre físico carecerá de importancia.

En Beltane se elegía a la «doncella florida» como reina de la fiesta (tradición que continúa en las ferias de muchas poblaciones actuales), representante de la diosa.

Pero no se van muy lejos, porque esa noche las puertas de los mundos se abren y tiene otros participantes que no deben ser molestados. Se cuenta la historia de unos niños que se quedaron hasta muy tarde sobre la colina viendo las antorchas que eran llevadas por los campos cultivados. Entonces se les apareció la diosa Aine que les pidió que se marcharan ya a sus casas, porque a esas horas «la colina era para ellos». Para que comprendieran el completo significado de esa expresión, les hizo mirar a través de un anillo, y vieron que la colina estaba llena de «gente invisible».

Las hogueras se apagan solas. Mientras los druidas recogen las cenizas, a las que se les atribuyen propiedades mágicas, comentan que las Pléyades finalizan su ciclo semestral por los cielos nocturnos. Se despiden de ellas hasta el próximo Samhain.

LUGNASAD EN TAILTIU

Uno de Agosto. La fiesta de Lug, el dios celta con el culto más extendido por toda Europa. Nos dirigimos a Tailtiu, nombre que denomina tanto a este lugar como a la mujer que en ella habitó y a quien le fue encargada la educación de Lug, cuando era uno de los Tuatha Dé Danann. (Retomaremos la historia de este antiguo pueblo en otro capítulo).

Este fue un lugar elegido por ella. Abrió un claro en un bosque, donde levantó su casa y sembró el primer maíz de Irlanda, por lo que esta es la fiesta de la cosecha, que garantiza la supervivencia hasta el siguiente año (junto a la matanza del ganado, que llegará más tarde). Cuando llegó el momento, Tailtiu fue enterrada en este lugar, que recibió su mismo nombre.

Bajo un sol que dibuja arcos iris intermitentes sobre una fina lluvia, podemos ver tiendas multicolores, con los dibujos y los estandartes que representan a familias y tribus, que dan el toque de color entre la variada gama de tonos del verde natural. Una visita obligada es el túmulo alargado que

¿Una princesa española en la antigua Irlanda?

Según las leyendas, Tailtiu era hija del rey de España, Magmoir, (este nombre era una variante de Magh Mhor, la Gran Llanura, término gaélico con que los irlandeses antiguos designaban a España, haciendo referencia a una mítica Tierra de los Muertos), y vivió durante uno de los tiempos más conflictivos de Irlanda, justo cuando tres poderosos pueblos se disputaban su tierra. Por un lado, los fir bolg, de cuyo rey, Eochaid, era esposa. Por otro, los fomores, extraña raza no humana. Y finalmente, los Tuatha Dé Danann, una especie de semidioses procedentes de las «islas del norte del mundo».

Cuando su marido murió combatiendo, Taltiu se casó con otro Eochaid, de los Tuatha Dé Danann, recibiendo el encargo de educar a Lug, hijo de una fomore y un daniano. Este, ya de adulto y estando en guerra los dos pueblos a los que pertenecía por herencia sanguínea, se decantó por los Tuatha, siendo su disposición, bravura y control (todo ello aprendido de Taltiu) lo que llevó a los suyos a la victoria definitiva.

La antigua Tailtiu, transformada después en la actual Teltown, en el condado de Meath, fue famosa por la feria medieval que sustituyó al Lugnasad celta. Esa reunión recibió el nombre gaélico de *Oenach Tailten,* y en ella, hasta el siglo XVIII, continuaron celebrándose los matrimonios *tailteanos* o de prueba, tal como en los antiguos tiempos.

señala el lugar donde fue enterrada Tailtiu, donde dejan flores y piedras llevadas allí desde sus lugares de origen. Se preparan calderos y espitas, se sacrifican animales, y pronto olor a diversas comidas inundará el aire. Aunque lo primero de todo será hacer y compartir con los demás el *lammas*, el primer pan hecho con la harina del primer maíz recolectado. Con una pequeña oración musitada por cada uno se agradece por igual a Lug y a Taltiu, ese pan que representa la continuidad de la vida.

Los bardos itinerantes compiten entre sí haciendo alarde de sus habilidades, hasta el punto que la gente ya no puede llegar a entender su lenguaje enrevesado y terminan entregándose a sus cantos y bailes de siempre en torno a las hogueras. Todas las fiestas los tienen, pero los de Lugnasad llevan algo especial. La energía de la Diosa se irradia entre las personas con una especial dulzura. Cuando los fuegos acaban consumiéndose bajo la luna llena, la gente (algunos vestidos solamente con ramas y hojas) se retira; unos a descansar; otros a internarse en el bosque.

A la mañana siguiente podemos ver dos espacios especialmente acotados. Uno es una explanada donde tendrán lugar las carreras de caballos, que, además del jolgorio, proporcionan ganancias y pérdidas a través de las apuestas. Todo esto irá acompañado de gritos de ánimo, amenazas y alguna que otra pelea. Pero la sangre no correrá, ya que las armas están prohibidas. Ese día tampoco habrá robo de ganado, que viene a ser el entretenimiento más frecuente entre tribus y clanes. Las puntillosas leyes irlandesas son muy complacientes con este «deporte». Al fin y al cabo, una partida que salga a robar tal vez esté recuperando lo que antes le han robado a ellos. Y, ya se sabe, quien roba a un ladrón...

El otro centro de atención es la loma de Tinscra, donde tendrán lugar los llamados matrimonios *tailteanos*. Hacia allá se encaminan bastantes parejas y, según van llegando ante una roca horadada, se toman de la mano y se comprometen ante un druida a permanecer unidos durante un año y un día. Los bardos recitan y cantan temas especiales para esa ocasión. Se come y se bebe en abundancia y la música no parará de sonar hasta altas horas.

Al día siguiente continúan las carreras de caballos y las apuestas. Pero en la otra zona el ritual es distinto. Ahora llegan las parejas que el año anterior se comprometieron en este mismo lugar. Es el momento de decidir si finalmente la unión sigue o cada uno toma su camino. No es necesario dar explicaciones ni dramatizar errores propios o ajenos, simplemente cada uno se pone en un extremo de una especie de pasillo; entonces, se acercan o se alejan. El druida dará por buena la decisión tomada.

Este tipo de bodas eran excepcionales, dentro de una vida social tan regularizada como la irlandesa. Lo normal era seguir los cauces normales, sujetos a la tradición, donde los padres deciden con quien se casarán sus hijos y cuanto han de pagar por ello. Porque una *lanammus* (boda) era el resultado de un contrato en el que intervenían infinidad de conceptos económicos y financieros, como la *coibche*, dote que el marido paga a la familia de la novia y a ella misma durante veintiún años; el *tinscra* o «precio de la novia» si pertenece a otra tribu, en forma de joyas o utensilios metálicos. Los *Tinol*, regalos de amigos en forma de cabezas de ganado que se reparten la novia y su padre. No se valoraba especialmente la virginidad. En cualquier caso, la mujer no pertenecía a su marido, era dueña de sus propiedades y mantenía sus derechos sobre los bienes comunes del matrimonio.

Según las circunstancias, había en total había diez tipos distintos de matrimonio reconocidos por las leyes irlandesas. Y no era infrecuente el recurso del rapto, como último recurso cuando los padres de la novia se negaban a la unión. La subsiguiente boda y la compensación a pagar estaban relacionadas con el consentimiento o no de la novia en tal rapto.

También existía la figura de la concubina *(dormuine)*, poligamia, poliandria y el divorcio, pero no se admitía el aborto, habiendo fuertes penalizaciones para la mujer, incluso si se negaba a comer cuando estaba embarazada.

Respecto al divorcio, se reconocía en los siguientes casos: enfermedad incurable, infertilidad, locura o peregrinaje. Las mujeres tenían algunas opciones propias: cuando el marido era excesivamente obeso, le negaba las relaciones sexuales, hacía contra ella un conjuro, o sacaba a relucir «secretos de alcoba» ante los demás para agraviarla. Las leyes contemplaban el complicado protocolo para determinar con qué propiedades se quedaba cada cónyuge en función del motivo y del originador del divorcio.

No todas las familias tienen suficiente dinero para hacer una boda según las normas estrictas normas sociales. Por eso, las *tailteanas* son tan concurridas y apreciadas. Además permiten a los novios conocerse mutuamente, antes del compromiso definitivo, durante un año completo, lo cual evita llevarse sorpresas desagradables. Seguramente muchos lamentan que sólo se celebren una vez al año.

Una risotada llama nuestra atención. Un grupo de mujeres mayores están charlando y parece que se lo pasan en grande. Están hablando sobre los últimos rumores relativos a los incestos, sobre todo los relacionados con los reyes, como ocurre con Conchobar del que se cuenta que una borrachera le llevó a la cama de su madre, que no debía estar en mejores condiciones que él. Y de cómo los niños nacidos de este tipo de relación entre los monarcas no son bien recibidos, como si fueran portadores de alguna maldición, tal como le ocurrió al hijo que el rey Aengus tuvo con su hija, que fue puesto en un bote y dejado a la deriva en el mar. O aquel otro que el rey Lugaidh tuvo con su hermana, que fue quemado vivo nada más nacer, siendo sus cenizas esparcidas por un río. Toda esta truculencia contrasta con las leyes aplicables a la gente normal, en las que cualquier niño, nacido en las circunstancias que sean, está reconocido, sin que exista la condición de ilegítimo.

En otros lugares de Irlanda, además de las fiestas tradicionales de este día, también tendrán, si ha lugar, un antiguo ritual para los nuevos reyes en los que el candidato tendrá que unirse carnalmente a una yegua blanca simulando ser un semental. La yegua después será sacrificada y troceada; y su carne echada a un gran caldero, donde también entraba el rey, que tras pasar algún tiempo en remojo, deberá comer un trozo de aquella carne y beber un poco de aquel caldo. (Rituales similares a este continuaron en Irlanda hasta el siglo XII, según los vio el historiador galés Giraldus Cambrensis).

¡Que duro es ser rey!

En Irlanda había unos doscientos reyes divididos en cuatro categorías: *rí tuaithe*, rey de tribu, *ruirí*, rey de una región, *rí ruirech*, rey de una provincia y *ard rí*, rey del país.

No era normal que ninguno muriese de viejo. Según el *Libro de los Derechos*, repartían su tiempo de la siguiente manera: los lunes los dedicaban a los negocios, los martes a jugar al ajedrez, los miércoles a la caza, los jueves al amor, los viernes a las carreras de caballos, los sábados a los juicios y los domingos a beber cerveza. En caso de que un rey se viese involucrado en algún asunto legal, para no manchar la imagen monárquica, era representado por un *aithech fortha*, un hombre de rango inferior que incluso podría sufrir la posible condena.

Segunda parte

Triskel

1

ENTRE
EL CIELO Y LA TIERRA

EL TRISKEL ES LA TRIPLE ESPIRAL QUE MUESTRA AL MISMO TIEMPO LOS DOS SENTIDOS, la evolución y la involución, como un movimiento perpetuo de ida y vuelta que no tiene principio ni fin, tal como los celtas (aunque también lo usaron otros pueblos) veían conceptualmente la vida y la muerte, que no eran sino pasos intermedios del *otromundo*, también llamado el lugar de la verdad o el mundo auténtico; los tres ineludiblemente interrelacionados en el continuo giro de la rueda de la vida. También es una representación de la vida y la evolución como una serie de movimientos que se van transformando a partir del punto de origen. También es la representación del ser humano, compuesto por cuerpo, mente y espíritu. De igual manera, representaba la idea primaria de la existencia: creación, mantenimiento, destrucción. Los alquimistas llamaron al triskel el «fuego secreto».

El concepto dual de otras culturas, los celtas lo transformaron en trinitario. Entre el día y la noche estaba el crepúsculo, entre la luz y la oscuridad, la penumbra; entre el agua de la tierra y la lluvia del cielo, el rocío. El sueño, el eco, la isla, el alba, la furia del guerrero, la inspiración del bardo, el trance del druida a medio camino entre la muerte y la vida. Siempre había un estado intermedio que no

El triskel, para los druidas, dentro del ritual adecuado y seguramente visionándolo en tres dimensiones y en movimiento con la ayuda de ciertos hongos, era una imagen que facilitaba los estados meditativos ajenos al tiempo y el espacio. Para la gente normal era un elemento de protección que grababan en puertas y ventanas. Como talismán se le atribuían efectos benéficos sobre enfermedades, incluidas las espirituales.

pertenecía completamente a ninguno de los extremos aunque formara parte de ambos, al que daban una especial importancia, por estar vinculado con lo sobrenatural.

También es el triskel una representación simbólica de las divinidades trinitarias, masculinas o femeninas, que manifiestan su esencia bajo tres aspectos distintos. Aunque este concepto ya estaba recogido en las religiones egipcia, persa, griega, romana, y posteriormente en la Trinidad cristiana.

En el manuscrito *Barddas*, compilado en el siglo XVI por el galés Llewellyn Sion, hay, mezclados con otros conceptos cristianos, un esquema que podría ser parte de la filosofía druídica sobre la existencia a través del Círculo del Infinito, compuesto por tres planos concéntricos por los que pasaba un ser a lo largo de su evolución. Estos estaban entre dos fuerzas complementarias: Dios, o principio de construcción, y Cythrawul, o principio de destrucción.

El círculo más pequeño era Awbredh o Abred. El mundo terrenal, donde la vida es una lucha continua y los espíritus se reencarnan una y otra vez, incluso en animales y plantas, hasta conocerlo todo, corregir los errores y llegar a un estado de perfección tras deshacerse de todos los lastres que la condición humana arrastra consigo. Después estaba Gwynnedh, espacio indeterminado de espíritus libres que prosiguen su evolución para alcanzar el absoluto. Finalmente, Kawgynt o Ceugant, algo así como un cielo exclusivo para Dios.

Según este esquema, el motivo de que todos estemos ahora en el primer círculo es por un pecado de orgullo cuando estábamos en el segundo círculo y quisimos igualarnos a Dios, intentando traspasar los límites de su espacio. Otros, que se limitaron a seguir las indicaciones divinas, permanecieron en el Gwynnedh. Pero aun pueden ir las cosas peor, ya que, fuera del círculo está el Annwn, la condición más alejada de la vida.

La triple muerte

El hombre de Lindow, momificado de manera natural en un pantano inglés, al igual que otras víctimas encontradas en Dinamarca, presenta signos de haber sufrido la llamada triple muerte, en este caso asfixia, corte de garganta y ahogamiento.

Todo esto tras haber consumido una comida ritual a base de varios tipos de cereales, que se mantuvo en sus intestinos. Eso hace pensar en un sacrificio propiciatorio para asegurar la futura cosecha. La víctima seguramente fue un voluntario que eligió tal honor para ayudar a los suyos.

En los cuerpos momificados en las turberas Dinamarca (hombres de Tollund y Grauballe), se puede apreciar el carácter noble e incluso real de aquellas personas, cuyas manos no muestran signos de los duros trabajos que en su tiempo había que realizar.

El rey Diarmid de Irlanda murió, según las crónicas cristianas, por herida de un arma, por el fuego y por ahogamiento. Lo que le hace candidato a ser considerado como un rey que tuvo sacrificarse por su pueblo. Se supone que después de tales sacrificios, la diosa a la que se dedicaban quedaba complacida. La tribu volvía a contar con su protección.

En una versión de la historia de Merlín se dice que cuando aun era un niño profetizó a un tal Argistes que moriría ahorcado, ahogado y quemado. El hombre, tal vez intentando librarse de la profecía, prendió fuego a la casa de Merlín, pero el fuego le alcanzó y salió corriendo a un lago, al que cayó cuando una cadena se le enredó en el cuello. Otra forma de la triple muerte.

Aquellos sacrificios debían guardar relación con las ofrendas que habitualmente se realizaban a las aguas de fuentes, ríos o lagos, considerados como lugares sagrados y puertas al otro mundo, como una manera de dar las gracias por una victoria, echando las armas del enemigo, o por superar una enfermedad, haciendo lo propio con exvotos o joyas.

También se ha especulado con la idea de que en tales sacrificios se le otorgaba un carácter divino a la víctima el identidad de hijo de un dios o diosa determinado, de modo que su muerte supusiese algo así como un castigo a la deidad por no haberse ocupado adecuadamente de su pueblo (romper el vínculo o promesa), en tiempos de hambruna, sequía, invasiones…

DIOSES Y DIOSAS

Las migraciones y los inevitables intercambios y mestizajes con infinidad de pueblos hizo que el panteón celta tenga cientos de nombres de divinidades, aunque sin duda podrían clasificarse del mismo modo que los dioses de cualquier otro pueblo contemporáneo, dividiendo sus funciones entre la fecundidad, la guerra, el bosque, las aguas, el patrimonio, la familia…

Un rasgo común entre los pueblos celtas es que no encerraban a sus dioses en templos (no los hubo hasta la romanización), realizando los rituales y celebraciones al aire libre, en bosques o a la orilla de ríos, lagos o manantiales. En estos últimos (algunos aun guardan el nombre de una diosa celta, como Sena, Danubio, Dniepper), arrojaban las armas del enemigo vencido (a veces también sus cráneos) en señal de agradecimiento. Muchos rituales se realizaban frente a un árbol y una roca que para ellos tuviesen una especial significación, normalmente por estar habitados por un espíritu ancestral con el que los druidas podían comunicarse.

En todas partes había una diosa madre, como Danu de la mitología irlandesa, aunque podía ser simplemente la Diosa, y que podía tener tres formas o manifestaciones, como podían ser «doncella, madre y anciana» o las tres diosas de la guerra (Morrigan, Badb y Macha). También había un dios padre, como Dagda o Cernunnos, que podía tener la apariencia del «rey anual» a lo largo de las estaciones, que muere todos los años para renacer e iniciar un nuevo ciclo agrícola junto a la Diosa, que es el único elemento inmutable.

En la época de romanización se hicieron estatuas antropomorfas de los dioses celtas, a los que incluso se les añadió el nombre del equivalente romano, como Mars Teutates, Minerva Belisama, Apolo Grannos, Júpiter Taranis o Sulis Minerva.

En las placas del Caldero de Gundestrup (encontrado en Dinamarca, aunque procede de la cuenca del Danubio) muestra, en una docena de placas de plata dorada con imágenes en relieve, lo que podría interpretarse como escenas mitológicas cargadas de un simbolismo difícil de interpretar, además de los rostros de lo que se supone debían ser dioses. (Museo Nacional, Copenhague).

Veamos algunos nombres de deidades celtas que han pasado a la historia con alguna de sus cualidades conocidas:

 ● ALISANOS. Galia. Dios de piedras y rocas, menhires y dólmenes.

- AESUS. Galia. Se le solía representar con un árbol, al que se le ofrecían sacrificios humanos.

- ADARTIA. Diosa de los cultivos y los osos. Se le representaba al lado de un árbol, con unos frutos en la mano y acompañada de un oso.

- AINE. Irlanda. Diosa del amor.

- ANDRASTE Britania. Diosa de los iceni que representaba la Victoria.

- APADEVA. Diosa del agua. Se le hacían ofrendas en los lagos.

- ARIANRHOD. Irlanda y Britania. Diosa del destino y la iniciación, Se le representaba como una araña como símbolo de interacción entre la naturaleza y las acciones humanas. En Gales se le identificaba con la constelación Corona Borealis.

- ARDUINA. Galia. Diosa de los bosques. También representaba la prosperidad.

- ATAECINA. Celtiberia. Diosa de la noche y de la muerte.

- BEL / BELENUS. El brillante. Iluminación espiritual. A él estaba dedicada la fiesta de Beltane, los fuegos de Bel.

- BELATUCADROS. Britania. Dios de la guerra.

- BELISAMA. Galia. Diosa del fuego.

- BOANNA. Irlanda. Diosa del amor. A ella se debe el nombre del río Boyne.

- BORVO. Galia. Dios de las aguas burbujeantes (medicinales). Daría lugar al nombre de la dinastía Borbón, cuyos miembros, tal vez en sus orígenes, se considerarían descendientes suyos.

- BRIGANTIA. Diosa de los brigantes. Llegó a ser adoptada por los romanos.

- BRIGIT. Irlanda. «La exaltada». Hija de Dagda y diosa de los artesanos, poetas y médicos.

- CANDAMO. Celtiberia. Dios del trueno y de la guerra. Es posible que el amuleto con forma de hacha de doble filo se llevase para propiciar su protección.

- CERNUNNOS. Dios cornudo de la vida y de la muerte (regeneración). Guardián de la puerta al otro mundo. Señor de los bosques.

- CERRIDWEN. Britania. Diosa de las cosechas y la profecía. La que abre los caminos. Ayuda al iniciado. También al difunto para pasar a otro plano.

- COCIDIUS. Britania. Dios de la guerra y de la caza.

- COVENTINA. Britania. Diosa de las aguas.

- DAGDA. Era el druida de los dioses y el dios de los druidas. Los irlandeses le llamaban *eochu ollathair*, el padre universal, y *ruad rofhessa*, el sabio pelirrojo. Sus atributos eran un caldero y un garrote, con los que podía dar y quitar la vida. Con el sonido de su arpa mantiene la continuidad de la creación.

- DANA o DANU. Diosa Madre. «Agua del Cielo». Creadora de la vida.

- DAMONA. Galia. Diosa del ganado.

- DEVA. Diosa madre relacionada con las aguas. Muy común en toda Europa, donde hay numerosos hidrónimos con su nombre.

- DON. Britania. Diosa madre, similar a Dana. La constelación Casiopea tiene en galés su nombre: Llys Don.

- ENDOVELICO. Celtiberia. Dios de la medicina; inspirador de sueños curativos.

- EPONA. Galia. Diosa de los caballos y los jinetes. Los romanos la adoptaron como diosa de la caballería de sus legiones.

- LIR. Irlanda. Dios del mar.

- LLYR. Britania. Dios del mar, similar al Lir irlandés A él se debe el nombre de la ciudad de Leinster (Llyr Cester).

- LUG / LLEW / LLUD / LUGUS. Es el más universal de los dioses celtas. Los irlandeses le llamaban *samildanach*, el de muchas habilidades, por lo que era patrón de los artesanos. A él se debe el nombre de Lugnasad, fiesta celta de la cosecha, y de numerosas ciudades europeas: Londres, Lyon, Ludun, Loudan, Lugo... Los romanos lo asociaron con su Mercurio.

- MANNANAN. Irlanda e Isla de Man. Dios del mar.

- MANAWYDAN. Britania. Dios del mar, similar a Mannanan. Hijo de Llyr.

- MORRIGAN. Irlanda. Diosa de la guerra. Aparece bajo tres formas: Macha, Nemainn y Badb. Cuando poseía al guerrero lo llevaba hasta el frenesí absoluto. También confundía a los enemigos obligándolos a matarse entre sí mismos.

- NANTOSUELTA. Galia. Diosa de la naturaleza. Esposa de Sucellos. En la época romanizada se le representaba con un palomar y un cuervo.

- NEMETONA. Diosa de los bosques sagrados, donde los druidas realizaban sus rituales. A los espacios destinados a ceremonias especiales se les llamaba nemeton.

- OENGUS. Irlanda. Hijo de Dagda y Boann.

- OGMIOS / OGMA. Irlanda. Dios de la poesía y la elocuencia. Creador del alfabeto oghámico. Como expresión del poder de la elocuencia, se le representaba como un viejo cubierto con una piel de león; de su lengua pendía una cadena unida a las orejas de varios hombres. Llevaba la tonsura de los druidas (y los monjes celtas): rapado de oreja a oreja, con un mechón delante y otro largo detrás.

- RHIANNON. Britania. Era la que «invita al caminante a subir a su caballo», como símbolo de quien acompaña a las almas al más allá. También las acompaña en el viaje de vuelta a una nueva vida. Con ella van dos pájaros: el gozo y el olvido.

- ROSMERTA. Galia. «La gran proveedora». Diosa de la prosperidad. Se le simbolizaba con la cornucopia.

- SIRONA. Galia. Diosa de la medicina y el renacimiento. Representada con una serpiente enroscada en un brazo.

- SULIS. Britania. Diosa de las aguas termales y de la profecía. Tuvo un templo sobre un manantial en la actual Bath, donde el rey Bladud se curó de una enfermedad. Los romanos la asociaron con Minerva.

- SUCELLUS. Galia. Dios de la guerra vestido con una piel de lobo. Era portador de un martillo, como símbolo de potencia creativa, por lo que se le llamaba «el del golpe de suerte».

- TARANIS. Galia. Dios del trueno.

- TEUTATES o TUTATIS. Galia. Dios protector de las tribus.

- VAÉLICO. Celtiberia. Dios de la guerra con forma de lobo.

AOS DÁNA, LA CLASE ARTÍSTICA
Druidas, los sabios del bosque

Los griegos del siglo II a.C. fueron los primeros en observar que entre los pueblos bárbaros que ellos llamaban *keltoy* había unos hombres a los que no tuvieron inconveniente en reconocer nada menos que como predecesores de la filosofía griega y a los que consideraron similares a los magos persas y caldeos. Eran los druidas, nombre asociado tradicionalmente al roble, el bosque y la sabiduría.

No se sabe a ciencia cierta su origen, si corrió paralelo a la historia celta desde el principio o si pertenecieron a algún pueblo que acabó siendo absorbido. Algunos autores piensan que podrían ser parte de los últimos pueblos megalíticos

Cada cronista griego o romano que tuvo contacto con los druidas los describen de una manera distinta, incluso completamente opuesta: de salvajes que gritan enloquecidos en medio de un bosque hasta filósofos consumados conocedores de la inmortalidad del alma, desde oficiantes de cruentos sacrificios humanos hasta expertos astrónomos.

con los que habrían convivido los proto-celtas, que ya deberían haber entrado en un lento ciclo de decadencia, perdiendo progresivamente sus capacidades por el simple contacto comunidades guerreras en tiempos especialmente conflictivos. Justamente fue en los lugares de amplia tradición megalítica donde más prosperaron los celtas.

Las escuelas druídicas estaban siempre en el interior del bosque y no serían demasiado distintas a un monasterio (de hecho, muchas fueron convertidas en monasterios, mientras que otras se transformaron en escuelas de poetas, algunas de las cuales perduraron hasta el siglo XIX). Es muy posible que los druidas realizasen recorridos anuales por todas las tribus para reclutar aquellos jóvenes que parecían tener posibilidades, seguramente ya señalados por los colegas que atendían normalmente esa comunidad, después de observar cierto tipo de signos o habilidades naturales. Los que pasen las pruebas iniciales serán llevados a una de las islas «islas de los soñadores»: Mona (actual Anglesey) o Iona (aun con el mismo nombre, en Escocia).

Sus funciones eran tan respetadas por todos los estratos de la sociedad que estaban exentos del servicio militar, de pagar impuestos o de las labores en los campos comunitarios; no tenían límites territoriales, pudiendo traspasar cualquier territorio tribal sin necesidad de pedir permiso y con la completa seguridad de que nadie les atacaría. Incluso podían cruzar un campo de batalla sin ser molestados y no tenían que postrarse ante ningún rey.

Pero para llegar a la cúspide del druidismo tenían que superar un duro e intenso aprendizaje que podía llegar a durar veinte años. Eso hacía que un druida comenzase su vida profesional a la edad que pocas personas «normales» superaban, lo cual les convertía en «venerables ancianos».

Sobre la tor *(colina) de Glastonbury, en Inglaterra, estaba la escuela y el centro de peregrinaje (y seguramente un gran roble), atendido por druidas varones, mientras que el manantial de la llanura (actualmente llamado Chalice Well) estaba atendido por mujeres* (bandruí).

A pesar de que la gran mayoría del druidismo estaba compuesta por hombres, también había druidesas (*bandruí* o *banfhlaith*), aunque es probable que estas tuvieran funciones específicas, que no siempre se mezclaban. En Irlanda había una escuela para las *bandruí* en Cil Dare, justo donde siglos después santa Brígida, hija de un druida, levantaría su monasterio de monjas que mantendrían encendido, hasta que la iglesia de Roma se lo prohibió, el fuego sagrado.

Los druidas no tuvieron ningún interés en que cualquiera pudiese aprender sus enseñanzas sin ningún tipo de control.

La información iba de maestro a pupilo, conociéndose bien el uno al otro, y, en teoría, no permitiendo desviaciones. De ahí la obsesión por la tradición oral en perjuicio de la letra escrita. Se usaba en gran medida la versificación, ya que el ritmo y la rima hacían las enseñanzas más recordables (posiblemente también consideraban a la poesía como la forma más sagrada de expresión).

También usaban dibujos con trazos muy esquemáticos, al modo de los que tuvieron los pueblos megalíticos, que servían como sistema nemotécnico que permitía seguir la historia de un héroe, la secuencia lunar con su reflejo en las labores campesinas o un complejo concepto filosófico sobre la vida después de la muerte. Todo fácil de ver en un esquema de puntos, rayas, círculos o figuras similares, siempre y cuando lo que reflejan sea previamente conocido.

Pero, con el término druidas se identificaba a todo un colectivo muy complejo en el que a veces no es posible delimitar funciones. No todos los druidas hacían de todo, ya que, entre otras cosas, atendían los servicios religiosos, médicos o jurídicos, eran educadores de los jóvenes o consejeros de reyes (a la historia han pasado Cathbad, druida del rey irlandés Conchobar, o el más famoso de todos: Merlín, del rey Arturo). Posiblemente, donde hubiese suficientes, habría especialistas en unos u otros temas, contando también con la ayuda de los adivinadores o las sacerdotisas. En el caso contrario, un druida de una comunidad aislada podría cubrir todas las funciones.

También realizaban las actividades sobrenaturales que normalmente se atribuyen a los chamanes de cualquier cultura, entre ellas conseguir que el espíritu de un difunto no quede aturdido en la confusión cuando abandona el cuerpo, realizar exorcismos de algún tipo de seres maléficos que ocasionan enfermedades físicas o mentales, transformar a voluntad su forma física, usar un manto de invisibilidad *(fe fiada)*, fabricar talismanes y amuletos, realizar conjuros, provocar nieblas o tormentas… A muchos santos del cristianismo celta se le atribuyeron habilidades similares.

Awen: Algo así como inspiración divina. El aliento de Dagda que proporciona cierta clase de conocimientos a los druidas y los bardos.

Nwywre: Energía que vincula la vida con el universo físico. Se simbolizaba con la forma de la serpiente.

Imbas forasnai: «Luz de la previsión». Ritual efectuado para conseguir una visión del futuro.

Deiseal: Movimiento circular hacia la derecha o según el sentido del sol, se realizaban en muchos rituales en torno a manantiales, hogueras, piedras. Los marineros y pescadores también lo hacían nada más comenzada la navegación. Estas costumbres continuaron en los tiempos cristianos, cuando también se hacían alrededor de las iglesias. En cambio, los círculos **tuaithbel** se hacían hacia la izquierda o a contrasol, buscando justamente algún efecto negativo, por lo que eran usados en magia negra.

Geis (geasa, en plural): Tabú o prohibición impuesta por un druida que todos los hombres importantes debían respetar escrupulosamente. Podían ser cosas tales como no comer una determinada comida, no pronunciar un nombre, ... En muchas leyendas irlandesas, su violación da lugar a una muerte trágica, como en el caso de Cu Chulainn o Muirchertach, además de algún tipo de desastre para la gente relacionada con esa persona.

En su faceta de médicos, usaban sobre todo plantas recogidas en el bosque, algunas de ellas siguiendo algún tipo de ritual en épocas precisas del año. Un papel primordial de la farmacopea de los druidas (sobre todo los de la Galia) lo tenía el muérdago que recolectaban ceremonialmente de las ramas del roble en determinadas fechas y con una hoz de oro. Además de ser un elemento presente en todos los rituales, podría decirse que era algo así como un antibiótico de amplio espectro, ya que servía para infinidad de enfermedades, entre las que se incluirían las que nosotros llamamos síquicas, que para los druidas lo eran todas, ya que sería algún desequilibrio interno lo que facilitase el externo.

Los arqueólogos han encontrado herramientas quirúrgicas muy similares a las usadas hoy en día, con las que practicaban algún tipo de cirugía, cesáreas y trepanaciones. También usaban unos baños de calor similares a saunas, como los que se han encontrado en Irlanda y España.

Según testimonios de quienes les vieron actuar, bien pudiese ser que usasen algo similar a la iridiología o el detectar las alteraciones de la energía corporal a través la piel. Una vez detectado el desequilibrio, deberían recurrir a las plantas y/o imposición de manos, acompañado todo ello por algún tipo de conjuro que tal buscase la ayuda de aliados espirituales. Y, tal como hacen algunos chamanes, podrían también recurrir al trance para averiguar qué fue lo que ocasionó el trastorno, con lo cual resolverían también el desequilibrio de la parte espiritual de la persona.

Algunos cronistas que fueron testigos de curaciones druídicas, como Silicio, citan los cantos de distinto tipo que realizaban ante el enfermo, desde una especie de arrullos hasta violentos gritos que pueden hacer pensar en un ritual de exorcismo de espíritus negativos, y que eran practicados por igual a ricos o a pobres. Como «dominadores de la voz», una de las muchas habilidades que adquirían en su larga preparación, podrían producir ciertas vibraciones o escalas sonoras que, cuando menos, proporcionarían descanso al enfermo, e incluso le acrecentarían la energía que le ayudaría a curarse.

Se sabe que en el antiguo Egipto, muchos rituales estaban basados en la voz, no sólo en la palabra, y que la entonación, la vibración y el estado emocional que con ella expresasen eran fundamentales para conseguir el fin propuesto. Eso no era algo que pudiese trascribirse ni aprenderse de alguien que no fuese un experto. Julio César, que hizo todo lo posible por acabar con ellos en la Galia, escribió: *Con su sola palabra les basta para dominar a sus enemigos inflingiéndoles todo tipo de males.* Aunque también podría decirse que con similares métodos podrían proporcionar todo tipo de bienes.

El proceso de curación se completaba extendiéndolo de alguna manera a todos los miembros de la familia del enfermo, a los animales de compañía y a la casa misma, ya que todo esto estaría contaminado por la enfermedad.

Cuando, siglos más tarde, los ingleses erradicaron de Irlanda todo cuando estuviese vinculado con sus tradiciones, algunos médicos se exiliaron al continente europeo, consiguiendo algunos cierta celebridad, como O'Meara, médico personal de Napoleón. En las bibliotecas europeas era relativamente fácil conseguir tratados de medicina irlandeses escritos en latín. También extendieron la costumbre por sus baños de calor.

La observación y estudio de los ciclos astronómicos era esencial para una sociedad agrícola, y esa era otra de las funciones de los druidas que, por medio de la observación de los astros determinaban el calendario tanto litúrgico como el de los campesinos. Y llegaron a tal punto en sus observaciones que en algunos textos quedaron reflejados eclipses y cometas que han podido ser verificados posteriormente.

Un elemento natural especialmente apreciado por los druidas eran sus árboles sagrados, en los que se combinaban los cuatro elementos: la tierra donde hunde sus raíces, el agua que le sirve de alimento, el aire donde que respiran las hojas y el fuego (sol) con el que produce la fotosíntesis. Al ser un elemento que surge del oscuro interior de la tierra y se extiende hacia el cielo en busca de la luz es un símbolo de crecimiento, externo e interno, y regeneración. También es un ser vivo muy antiguo y sabio por ser conocedor del paso del tiempo.

Los druidas también usaban la rama de un árbol para fabricar el bastón que le acompañaría de por vida, especialmente un serbal al que hubiesen pedido autorización previa para tal fin. (También con una ramita en forma de V se hacían las varas de los zahoríes para encontrar agua). Era esa una ceremonia muy especial. El bastón resultante podía ir decorado con elementos metálicos o con cristales, o llevar grabados algunos símbolos que lo identificasen con su propietario. También era un símbolo masculino complementario del caldero femenino, otro elemento presente en la mayoría de los rituales druídicos.

Tenían un lugar en el bosque donde realizar sus ritos personales y privados, en los que intervenían el contacto con los elementos, el canto, la ingestión de ciertas plantas u hongos, todo ello para entrar en contacto con otro plano existencial. Algunos de estos rituales los realizaban desnudos (muchos monjes medievales también lo hacían para rezar en sus celdas, simbolizando así la entrega completa a la divinidad, sin ningún aditamento o engaño; de modo similar, practicaban una especie de nudismo místico los gymnosofistas (literalmente, filósofos desnudos) griegos o los jainistas de la India). No debía preocuparles mucho las miradas ajenas, ya que fueron varios los cronistas quienes escribieron sobre esto, como Diodoro: *Desnudos, de la misma manera que sus guerreros en la batalla, se muestran ellos a sus dioses. Pese a lo impúdico de su proceder, la cólera de los dioses no parece que recaiga sobre ellos.*

Por su parte, Posidonius escribió: *Muestran gran veneración por los árboles, de los que se sirven después de que realicen cantos, caricias y otras obscenidades que prefiero no relatar.* Tales obscenidades, fuera de lógica desde un punto de vista ajeno, eran simulaciones de cópulas con los árboles, dentro de algún ritual relacionado con la fecundidad de la tierra. Plinio también fue testigo de algo similar: *Mientras los druidas apoyan sus virilidades con gran devoción y ceremonial sobre las cortezas de los árboles, las druidesas parecen encontrar deleite en el roce con las piedras.*

Resulta curioso y extraño que en las crónicas que los romanos escribieron sobre Hispania o sobre la Galia Cisalpina no citen en ningún momento a los druidas, casta integrante y esencial en las comunidades célticas de otras latitudes. Nadie puede pensar que estos otros celtas no tenían sacerdotes, jueces, narradores de leyendas, sanadores... ¿Por qué no aparecen entonces? ¿No había tantos como para hacerse notar? Estrabón escribió que los lusitanos hacían sacrificios de animales o prisioneros de guerra y examinaban las entrañas con fines adivinatorios. También han quedado altares esculpidos en la roca, con escalones tallados y unos agujeros que servirían para recoger la sangre. ¿Serían los oficiantes algo más que sacerdotes sacrificadores o adivinadores?

Para los romanos, el foco del druidismo se situaba en Britania, a donde acudían los galos para formarse o tal vez perfeccionar su formación previa. A eso tal vez podría deberse la aparente poca presencia de druidas que parece haber los lugares más alejados.

A nivel mágico, los druidas poseían algo que llamaban «huevo de serpiente», que se suponía que estaba hecho con la baba que se formaba en las bocas de dos serpientes mientras copulaban; en un momento determinado, una bola de esa baba era escupida y el druida debía tomarla en el aire, consiguiendo así uno de los más preciados objetos de poder.

Tras las invasiones romanas y sobre todo con la posterior implantación del cristianismo, los druidas supervivientes fueron perseguidos y desacreditados. El emperador Augusto prohibió expresamente la práctica del druidismo. Por aquellos tiempo seguramente ya no contaban con la amplitud de conocimientos que tuvieron sus antecesores, ya que el ciclo formativo de veinte años era imposible de mantener y eso daría lugar a algo así como un druidismo *light*. Muchos acabarían refugiados en monasterios cristianos, donde se mantendrían los conocimientos sobre medicina natural, y algunos incluso acabarían siendo parte del santoral católico, mientras que otros, como el gallego Prisciliano, cayeron bajo sospecha y pasaron a formar parte de los herejes ejecutados.

Bardos y *filidh*

Como complemento a los druidas, que en ocasiones también podían hacer estas funciones, estaban los bardos, músicos, narradores, historiadores.

Los bardos eran básicamente los poetas celtas, aunque sus funciones eran mucho más que las de entretener a su audiencia, ya que también eran los que mantenían viva la historia de las tribus y los clanes, conocían las genealogías y daban una especie de vida eterna a los grandes héroes. Además de conocer las historias, eran maestro en la forma de contarlas para producir el efecto deseado. En algunos viejos escritos se cita la belleza paralizante de la música y la palabra de un bardo. Con sus arpas debían dominar los acordes del lamento, del vigor y del sopor. A pesar de que conozcamos muchos textos, apenas podremos hacernos una leve idea de cómo entendían las historias aquellos celtas que las escuchaban de la boca de un bardo que además tenía el poder trasformador de la voz.

En las leyendas irlandesas se citan a los bardos satíricos, especialmente temidos, ya que algunos de sus versos podían acabar con la reputación de cualquiera, traerle mala suerte enfermarlo e incluso matarlo. Especialmente duro era el ritual que efectuaban siete bardos al unísono sobre una colina, dirigido hacia una víctima común. También había un conjuro especial, llamado *glam dicin*, contra aquel que se negase a pagarles sus servicios.

Mientras que los druidas fueron perseguidos, los bardos fueron más respetados pues se consideraba que cantar

El amplio repertorio de los bardos incluía historias con estas modalidades: destrucciones *(togla)*, muertes violentas *(oitte)*, cuevas *(uatha)*, robos de ganado *(tána)*, viajes *(immrama)*, cortejos *(tochmarca)*, batallas *(catha)*, asedios *(forbassa)*, banquetes *(fessa)*, aventuras *(echtrai)*, cocepciones y partos *(coimperta)*, matanzas *(airgne)*, frenesíes *(buili)*, inundaciones *(tomadma)*, visiones *(físi)*, amores *(serca)*, expediciones *(sluagid)* y emigraciones *(tochomlada)*.

En las leyendas irlandesas está la figura de Cascorah como el primer músico y la timpan, *un tipo de arpa pequeña, como el primer instrumento. Otro bardo famoso fue Oisin (Ossian, en Gales), del que se decía que entró en la Tierra de la Eterna Juventud.*

o narrar historias no era peligroso. Acabaron reciclados como los trovadores de la corte de Leonor de Aquitania, desde los lugares donde surgieron las lenguas romances y unas formas poéticas que revalorizaban el papel de la mujer en una sociedad que la tenía relegada poco más que a un rincón de la cocina. En gran medida también fueron los artífices del retorno al culto a la Diosa; de aquellos tiempos surgen las historias de caballeros que ponen su vida al servicio de su dama, y de doncellas perseguidas, encarceladas, drogadas por viejas malévolas capaces de engañar a reyes y caballeros. Todo un símbolo del camino recorrido por el celtismo y las trasformaciones a que tuvo que someterse para sobrevivir.

Pero hubo una leyenda que eclipsó a las demás, gracias a las aportaciones de los nobles galeses exiliados: la del rey Arturo y el druida Merlín, aunque en Francia se añadieron elementos que no figuraban en las historias originales: Lancelot, Percival o el Grial. La leyenda regresó a Britania a través de los normandos.

Los *filidh* o *fathi* tenían funciones comunes con los bardos, en cuanto a narrar los relatos históricos, épicos y mitológicos que formaban el cuerpo arquetípico de su pueblo, pero su principal función era hacer vaticinios (palabra que deriva del otro nombre por el que se les conocía, *vates*) por medio de la observación. En cualquier sitio donde miraran había un simbolismo que interpretar: árboles, animales, vuelo de aves, nubes, llamas, estrellas, ruidos del bosque, gritos lejanos de juegos infantiles; pero también los hígados de animales (a veces, seres humanos) sacrificados para la ocasión. Tenían rituales en los que, según el tipo de tema a tratar, comían la carne de ciertos animales, para después tener un sueño profético. También había mujeres en este gremio, *banfáith*, siendo Eodain la que alcanzó más renombre gracias a sus dotes proféticas y los consejos que daba a los reyes. Por su parte, los *semnotheroi* estaban especializados en los servicios religiosos.

Fenechas, la Ley de los Hombres Libres

Los jueces (*brehons* en Irlanda, *verbobret*, en la Galia) eran los conocedores de las leyes, perfiladas a través de siglos para hacer la vida social posible. Dirigían los juicios, establecían la compensación a pagar por el infractor, aunque este solía ser colectivo, ya que siempre estaban involucrados la familia o el clan, tanto de uno u otro bando. Se pagaban o se cobraban y repartían la compensación según el grado de proximidad sanguínea con el ofensor y el ofendido, respectivamente. No existía la individualidad tal como la conocemos hoy en día, ya que el grupo familiar o clan se veía involucrado y es el que tenía que responder. Otra cosa era la forma en que ese grupo tratase después a quien les había metido a todos en problemas.

Las leyes tenían en Irlanda el nombre de *Fenechas* o Ley de los Hombres Libres (cuando se transcribieron recibieron el nombre de Ley Brehon (algo similar ocurrió en Gales con las leyes Hywel Dda) y tenían forma poética. Reflejaban todas las posibles disputas de una sociedad rural con el añadido de un fuerte componente de la casta guerrera. Eran parte de la tradición, el inflingirlas suponía un quebrantamiento del orden y de la «civilización». Se usaron hasta el siglo XVII.

Los *brehon* tenían en cuenta el estatus de la persona agredida para determinar la compensación a que hubiese lugar, ya que no todos eran iguales ante la ley ni todas las sentencias eran similares ante un mismo delito. Las condenas estaban en concordancia con el rango social de la parte ofendida y del tipo de herida o deshonra; esto suponía que el *enechlann* o precio de honor, el *eraic* o precio de sangre y el *díre* o precio del cuerpo, podían variar considerablemente de una a otra persona.

Una unidad de medida para determinar las compensaciones era el *cumal* o precio de una esclava. Por ejemplo, una ofensa a un rey, o lo que es lo mismo el valor de honor, se pagaba con siete *cumals*. También había pagos fraccionarios, ya que el *cumal* equivalía a seis *séts*, siendo estos equivalentes a tres vacas lecheras.

Las leyes irlandesas mostraban curiosidades tales como la compensación por la mutilación de un pene: el culpable debía pagar tanto un precio de honor (*enechlann*) como de cuerpo (*díre*). Si se trata de un testículo izquierdo, sería un *díre*, mientras que si era el derecho, sería sólo la mitad (los druidas daban por sentado que sólo el izquierdo cumplía con la misión de procrear). Si la castración era completa en un hombre decrépito, el pago será similar a cualquier otro tipo de herida con arma. Si una niña (antes de los doce años) era violada, el agresor debía pagar dinero de sangre (*eraic*). A una edad superior, la cantidad se reducía a la mitad.

También los gatos estaban incluidos en las leyes Brehon, que los consideraba exentos de culpa en caso de tomar comida de una cocina si eso estaba motivado por la negligencia de quien estuviera al cargo. No ocurría así cuando el gato robaba en un barco, en cuyo caso podía ser matado. Tampoco se podían tomar represalias contra un gato que produjese algún perjuicio mientras cazaba ratones y sí en cambio para aquel que lo molestase a él.

Por otro lado, unas gotas de sangre sacadas de la cola de un gato negro, mezcladas con hierbas medicinales, era un remedio para ciertas enfermedades.

La ciudad escocesa de Caithness recibe su nombre de la «tribu del gato» que la fundó.

Claro está que todo esto no era un asunto individual, ni en el caso del infractor ni en del beneficiario de la compensación, ya que la gran familia o *tuath* era copartícipe tanto de lo uno como de lo otro.

En caso de que el pago no se produjese en el tiempo estipulado, su valor se incrementa, así como la presión de la comunidad, ya que esta forma de aplicar la ley hace que la vida social sea posible entre gentes muy propensas a comportamientos violentos. No había cárceles donde encerrar a los que inflingen las leyes, sólo el pago restablecía el equilibrio que ocasionó la falta. O sea, que aquí podría usarse plenamente la expresión de «quien la hace, la paga». Al que no paga, o trabaja para el adeudado en una condición similar a la esclavitud o sufre el *dibert* o vacío social, que podía llevar hasta la expulsión de la comunidad, lo que le convertía en un forajido. Y su familia, que sería la que realmente no ha podido hacerse cargo de la deuda, caerá en desgracia durante cuatro generaciones. A los que quedan fuera de la ley, a veces no les queda más remedio para sobrevivir que unirse con otros como ellos y dedicarse al bandidaje. Ese sería el motivo de que surgiesen «caballeros» como los de la Rama Roja.

No había sentencias de pena de muerte (que era un derecho reservado a los reyes), pero, en caso de que no se pudiese pagar la compensación establecida por un homicidio, se llegaba a una situación extrema en la que el culpable (esta vez sí el individuo) podía ser «echado al mar», dentro de un *currag* (barco de mimbre y cuero, típico de Irlanda), sin remos ni comida. También había una especie de excomunión en el que la persona perdía su derecho a participar en las celebraciones sagradas, lo que suponía no poder intervenir en los sacrificios, o sea eran apartados del contacto con los dioses.

Los *seanchai* y el mundo feérico

Los *seanchai* (también se puede escribir *senachie*) eran los historiadores de la Irlanda celta (en Gales recibieron el nombre de *cyfarwyddion*), que además de la historia propiamente dicha, debían conocer genealogías y cientos de cuentos históricos, que debían ser una de las mejores maneras de enseñar historia a la gente, con sus héroes y villanos y sus situaciones extremas. Con el tiempo se convertirían en los cuentacuentos irlandeses especializados en el mundo feérico, por lo que se les consideraban con habilidades para comunicarse con la *daoine maite* (buena gente) o habitantes del *sidhe*. Cada comarca tenía el suyo, hombre o mujer de avanzada edad, capaces de encantar a la audiencia con su voz, su gesto y su capacidad de transportar a los oyentes al mundo mágico irlandés.

En todos los territorios célticos han permanecido las leyendas y los cuentos de multitud de seres sobrenaturales pobladores de bosques, lagos, colinas y montañas. Básicamente se les conoce genéricamente como hadas y duendes, aunque llevan nombres como los leprechauns *de Irlanda, los* pixies *de Escocia, los* gwyllion *de Gales, los* korrigans *de Bretaña, las* anjanas *de Cantabria...*

Después de que Irlanda recuperase su libertad, la Comisión de Folclore buscó a cualquier *seanchai* que quedase en las áreas rurales más recónditas para recuperar esa valiosa herencia de cuentos tradicionales que, al igual que sus narradores, estaban a punto de extinguirse para siempre.

Aún recuerdan los expertos en este tipo de historias cómo una legión de jóvenes irlandeses, con más ilusión que medios, recorrieron los más tortuosos caminos en bicicleta con una rudimentaria grabadora que debían conectar a un pequeño generador que proporcionaba electricidad con los pedales de la bicicleta. El fruto de aquellos viajes reposa apaciblemente en los archivos del Trinity Colledge de Dublín: más de dos mil volúmenes manuscritos, a los que hay que añadir los que resultaron de la siguiente iniciativa. Se pidió a los niños irlandeses que copiaran los cuentos de todo tipo que escuchaban a sus mayores. También se transcribieron las letras de las viejas canciones, aunque no pudo conservarse la música porque las rudimentarias (y escasas) cintas en las que se grababan debían ser reutilizadas una y otra vez.

Cabe destacar las historias recogidas por Sean Ó Echoaid, que en los años 40 y 50 del pasado siglo recorrió todos los caminos de la provincia de Donegal recogiendo historias de unos 1500 *seanchais*, hasta el punto de recibir un doctorado honorario por parte de la Universidad de Irlanda. Él pudo comprobar que la creencia en los seres feéricos no era algo perdido en el pasado, ya que uno de sus mejores fuentes de información fue su propio abuelo, que, entre otras historias, contaba su propia experiencia de avistamiento feérico.

Según las tradiciones paganas, estos seres feéricos eran los míticos Tuatha Dé Danann que acabaron retirándose voluntariamente a un mundo paralelo, ocupando posiblemente el mismo espacio pero en distinto tiempo, por lo que sólo en ciertos momentos muy concretos del calendario era posible la comunicación entre ambos mundos. Algunos expertos en estos temas se decantan por la teoría de se trata simplemente espíritus de muertos, incluyendo los de aquellos pueblos que ocuparon Irlanda en la antigüedad.

Newgrange

La principal entrada al *sidhe* estaba en Bru na Boyne, compuesto por los monumentos megalíticos Newgrange, Howth y Dowth, que se abrirían en determinadas circunstancias, sobre todo en la noche de Samhain. El nombre gaélico de Newgrange era *Sí an Bru,* y una leyenda celta asegura que era el palacio de Aonghus, dios del amor, hijo de Boann (Boyne). El

antiguo nombre de Howth fue *Sícnogba,* y también está relacionado con la leyenda del dios Aonghus, que aquí encontraría los restos mortales de una mujer a la que él amaba. El de Dowth era *Sí Dubhaish*, que está relacionada con cierto rey Bresal que embrujó a los hombres de Irlanda para que le construyesen una montaña artificial que llegase hasta el cielo, consiguiendo también que su hermana detuviese el sol. Todo lo perdió aquel Bresal cuando se empeñó en cometer incesto. Todos ellos comienzan por Sí, que indica la vinculación de esos lugares con el *sidhe.*

Algunas historias citan a personas que han escuchado la *oran sidhe*, música del *sidhe*, como uno de los hechos portentosos que ocurren de vez en cuando. Y se cree que las grandes canciones tradicionales, tanto las que incitan a bailar como las que parecen cargadas por la nostalgia de unos tiempos perdidos, las (re)compusieron los músicos humanos tras haberlas escuchado sobre alguna colina a la luz de la luna. Especial fama tuvo la isla Eigg, en las Hébridas, donde iban los músicos a escuchar nuevas melodías procedentes del plano feérico.

La interpretación cristiana señala a estos seres como ángeles caídos que no participaron en la rebelión de Lucifer, pero, como tampoco la combatieron, fueron diseminados por los lugares remotos de la Tierra, unos en las profundidades del mar, otros en el subsuelo y algunos más en el aire.

Con el nombre genérico de hadas *(fairies)* se engloba a todos ellos. En medio de algunos campos cultivados irlandeses se encuentra un árbol al que nadie se ha atrevido a cortar, ya que los campesinos saben que está habitado por hadas; los niños pueden subir a sus ramas, pero los adultos tienen prohibido incluso tocarlos, so pena de recibir sus iras. Otra cosa que antes se tenía muy en cuenta a la hora de construir una casa era que no entorpeciera un camino de hadas, por lo que antes se ponían unos postes indicando los límites de la futura casa; si no ocurría nada, se seguía adelante. Si alguno de los postes era derribado, mala señal, había que cambiar el emplazamiento.

Y es que, a pesar de los muñequitos simpáticos que se venden como recuerdo por toda Irlanda, a los que llaman «buena gente» o de los cuentos endulzados tipo Disney, estos son seres de temperamento impredecible, atribuyéndose sus habituales malas acciones a los celos que sienten por los seres humanos por tener estos la oportunidad de comunicarse con el dios que ellos perdieron; también por eso evitan acercarse a las iglesias y a las casas de los curas. Eso sí, se cuenta que si los católicos los condenaron, los protestantes hasta prohibieron que se pensara en ellos. La evolución que tuvieron según el lugar donde fueron puestos acabó dándoles las características que han perdurado en el folclore irlandés.

Entre la considerable cantidad de este tipo de seres, destacan especialmente los *leprechaun*, que serían los más extendidos por toda Irlanda. Se les representa con la imagen de pequeños viejos zapateros, vestidos con un traje verde, y son borrachines y fumadores. Además de su afición por la zapatería, se les atribuye el ser los banqueros del mundo feérico, ya que guardan celosamente todos los tesoros que encuentran bajo tierra. Muchos humanos intentan capturar a uno de ellos, ya que su posterior liberación supone la recompensa de uno de sus tesoros. En raros casos, buscan la amistad con algún humano al que le hacen arreglos en la casa, sobre todo en sus zapatos, a cambio de un poco de licor.

LOS OTROS MUNDOS

Existe en gaélico la expresión *isin chetne tuiste*, que se traduciría como el tiempo primigenio, que podía estar relacionado con la creación del mundo y la interrelación de los dioses con los hombres. Pero no tenemos ninguna referencia acerca de cómo los druidas entendían estos conceptos.

El más allá era un lugar de liberación. Posiblemente la frase «pasar a mejor vida», como metáfora de la muerte, provenga de ellos. Había muchos lugares a donde ir, seguramente relacionados con el tipo de vida que se había tenido y los méritos acumulados, pero ninguno de ellos era una especie de infierno, aunque cabe la posibilidad de que ese concepto lo tuviesen asociado justamente con la estancia temporal en este mundo.

Además del *sidhe* (palabra que originariamente significaba colina) donde se retiraron los Tuatha Dé Danann, o del Avalon (Avalanch, Isla de las Manzanas) donde fue llevado el rey Arturo, en Irlanda se creía en mundos, planos de existencia o dimensiones que tenían nombres tales como *Tir n'Aill*, la Otra Tierra; *Tir na nOg*, la Tierra de la Juventud; Tir na mBeo, la Tierra de las Mujeres; *Mag Mor*, la Gran Llanura (en algunos textos, identificada con España); *Mag Mell*, la Llanura Floreada; *Tir na m-Beo*, la Tierra de los Vivos; *Tir Tairngiri*, la Tierra de la Promesa; *Tir fa Tonn*, la Tierra Submarina, *Hy Breasil,* la Isla de los Benditos.

Son numerosas las leyendas que relatan *immrama,* viajes a través del mar a alguno de estos lugares sobrenaturales, que bien podrían tratarse de las descripciones de rituales iniciáticos bajo estados alterados de consciencia; una especie de peregrinaje interior en busca de una experiencia trascendente. El barco, a pesar de que los celtas no destacaron especialmente por los viajes acuáticos, era el símbolo para entrar al otro mundo.

Los viajeros tienen que enfrentarse a sus propias obsesiones, en forma de monstruos o tentaciones que intentan apartarle de la meta, para regresar puros; muchos acaban con la muerte, que también es una forma de dar por completado en viaje y entrar en otro plano de existencia. El más famoso es *El viaje de Maelduin*, que visitó 35 islas con todo tipo de seres extraños. Fueron tan populares e importantes que incluso permanecieron en la época cristiana, recibiendo el nombre de *navigatio*, aunque poco a poco fueron perdiendo sus componentes paganos. También había otro tipo de aventuras, en la que héroe simplemente se internaba en algún *otromundo*, que recibían el nombre de *echtrai*, como es *El viaje de Bran,* en el que este personaje y unos cuantos compañeros visitan la Isla de las Mujeres, donde son espléndidamente atendidos.

En Gales, y por extensión en la Britania celta, tenían mundo subterráneo llamado *Annwn*. Se suponía que la puerta de aquel abismo estaba en Glastonbury, justo en la cima de la colina, guardada primero por los druidas y más tarde por monjes cristianos. A pesar de tales guardianes, por esa puerta surgiría en ciertas fechas Gwynn al Nudd, su rey, dirigiendo la Cacería Salvaje, acompañado de una jauría de perros blancos con orejas rojas. Recorrerían la noche buscando las almas de los que hubiesen muerto recientemente. Allí los metería en el caldero de la resurrección, para obligarles a regresar a la tierra, pero no sin antes de que Tyronoe, su consorte, les ponga ante sí un espejo donde se reflejan sus más oscuros secretos, por si tienen dudas de por qué los tratan así. Claro que también se quedarían allí algunos «prisioneros». En el poema galés

172

Preiddeu Annwn es el bardo Taliesin en encargado de descender a ese abismo para rescatarlos.

Gwynn significa dragón rojo, y rojo es el dragón que actualmente figura como símbolo del condado de Somerset, donde está Glastonbury, y del cercano País de Gales, de igual forma que lo fue del rey Arturo.

Este personaje también está asociado en los *Mabinogion* (colección de relatos basados en la mitología galesa traducidos por Lady Charlotte Guest) con el control de la tierra durante los meses oscuros del año, mientras que los luminosos estarían a cargo de su contrapartida, *Gwythyr ap Greidyawl,* representado por un dragón blanco. Estos se relevarían en las fiestas de Samhain y Beltane. Curiosamente, los dos manantiales de Glastonbury tienen aguas rojizas (el Chalice Well, por los minerales que contienen) y blancas (White Spring).

También han quedado reflejadas experiencias peculiares, como las transformaciones, viajes chamánicos en los que el iniciado lograba ser otra persona, animal, fenómeno natural. Este tipo de relatos aparecen como invocaciones u oraciones en las que el protagonista va identificándose con distintos elementos, logrando estar al «otro lado» y conseguir ser también ese punto de vista. Algunos de las más característicos son las de Tuan, Amergin o Taliesin.

En este último, la transformación ocurre tras probar la poción que se cuece en un caldero mágico, posible manera de hablar de un ritual en el que la ingestión de alguna sustancia alucinógena era imprescindible para tener tal experiencia.

2

CRISTIANISMO CELTA

Durante siglos, el cristianismo celta fue un brazo de la religión cristiana desligado prácticamente del control de Roma; aun así se extendió durante los peores años de la llamada Edad Oscura medieval casi por toda Europa, desde las islas Feroe hasta Italia y desde Francia hasta Ucrania, gracias a que monjes y monjas irlandeses recorrieron las tierras fundando monasterios e iglesias e impartiendo el mensaje del conocimiento y del amor justo en la época que más se precisaba.

Las primeras pequeñas comunidades monásticas irlandesas funcionaron intentando imitar a los eremitas egipcios, que se retiraban al desierto para no tener ningún tipo de distracción. Pero, como en Irlanda no hay desiertos, lo hicieron en el interior de los espesos bosques o en islotes, donde monjes y monjas se dedicaban a la oración y a la copia de libros, dedicando algún tiempo en atender a los fieles que se acercaban buscando una ayuda espiritual o física, ya que muchos de ellos eran sanadores.

Su estructura inicial, que tenía más similitudes con los colegios druídicos que con los monasterios europeos, permitió que los monjes y monjas irlandeses gozaran de una libertad muy superior a la que tuvieron sus coetáneos continentales. Puede decirse que cada uno se arreglaba su propio horario de estudio, trabajo y oración, uniéndose todos una vez al día para algún servicio religiosos conjunto, en los no solía faltar el recitado de los Salmos, que gozaban de un fervor especial. ¿Encontraban quizás en ellos resonancias bárdicas o druídicas? Seguramente sí, ya que uno de los personajes bíblicos más populares era el rey David, poeta y tocador del arpa, tal como quedó reflejado en la iconografía de las «grandes cruces» o en los vitrales de Irlanda.

La decadencia comenzó con el sínodo de Withby, en la Inglaterra del año 664, donde se discutió entre la necesidad de obedecer absolutamente los dictámenes de Roma o de mantener la autonomía de los cristianos celtas, saliendo vencedores los primeros. Ese fue el final de la espiritualidad celta en Inglaterra a favor de las estructuras y rituales de la Iglesia de Roma.

A pesar de todo esto, la iglesia irlandesa se mantuvo independiente de Roma hasta el siglo XII. El fin les vino de las manos de los vikingos, por un lado, que destruyeron escuelas y monasterios, y, por otro, de los normandos franco-ingleses, curiosamente también relacionados con los vikingos. Tras conquistar Inglaterra, los normandos invadieron Irlanda siguiendo órdenes (la *Bula Laudabiliter*) del papa Adriano IV (nacido en la Inglaterra definitivamente entregada a Roma), e impusieron el catolicismo a través de religiosos que llevaron del continente, obedientes en todo a las directrices romanas.

SAN PATRICIO, EL PIONERO

Su auténtico nombre era Succatus Patricius y nació en el oeste de la Britania romanizada y cristianizada, en el seno de una familia de religiosos y funcionarios.

Según su propia biografía, *Confessio,* tras ser capturado por piratas a los 16 años, fue vendido como esclavo en Irlanda. Allí pasó 6 años hambriento y casi desnudo, cuidando ganado entre el frío y la humedad. Su buena constitución le ayudó a sobrevivir durante aquellos años de aislamiento que le convirtieron en un hombre santo, un visionario que recibía la llamada de Dios. Su «voz» le indujo a huir; caminó bastantes kilómetros hasta llegar a una costa (se piensa que fue el actual Wexford), donde encontró un barco mercante cargado de perros irlandeses, muy apreciados en otros lugares como buenos cazadores. Al otro lado del mar, la libertad.

Ni en su más disparatada imaginación hubiera contemplado Succatus la posibilidad de regresar a aquella isla donde tanto sufrió, pero la voz de Dios fue insistente al respecto. Así, 27 años después, tras haber sido ordenado obispo, ponía sus pies de nuevo en Irlanda, pero esta vez como hombre libre y dispuesto a cambiar el país de arriba abajo.

Allí usó el nombre de Patricio, aunque los irlandeses lo adaptaron a la forma gaélica de Padrig. Estableció su primera residencia en un granero de Ard Macha (la actual Armagh, en el Ulster, donde hay dos catedrales dedicadas a él, una católica y otra protestante).

Su primer gran golpe de efecto lo tuvo en Tara, donde vivía el Gran Rey de Irlanda; por aquel entonces, Loegaire. Patricio, acompañado de sus pocos seguidores, subió a la colina de Slaine, perfectamente visible desde Tara, y allí encendió el fuego pascual antes que el jefe de los druidas hiciese lo propio con el suyo en la fiesta de Beltane. Seguramente tuvo en cuenta las palabras de Elías de «combatir fuego con fuego», o simplemente consideró que eso era lo mejor que podía hacer en esas circunstancias, con el Gran Rey y la elite de los druidas concentrados en la fiesta.

Lograron escapar de los hombres que el rey mandó gracias al llamado Escudo, una oración «mágica» (*faed fiada*) que envolvía a quienes la cantasen, haciéndolos invisibles. Ese fue otro buen golpe de efecto, ya que era algo superior a los círculos de protección druídicos.

Se dice que Patricio fue el primer hombre libre en hablar abiertamente contra la esclavitud adelantándose al menos un milenio a las ideas abolicionistas y, como poco, se enfrentó a lo que entonces ocurría en Roma, con el visto bueno del papa.

El caso es que consiguió convertir a los siempre díscolos irlandeses y, lo que tal vez tenga más mérito, a los druidas, que hasta entonces habían detentado el control de la vida espiritual. Aunque no por eso el druidismo se perdió completamente, ya que, de igual modo que la cruz cristiana se unió al anillo solar, creando el icono que desde entonces representa al cristianismo celta, los druidas hicieron algo parecido, uniendo las dos formas de entender el mundo, la vida, el hombre y la naturaleza. En Irlanda existía un buen caldo de cultivo para la nueva fe, ya que para los irlandeses todo lo que en el mundo existía era sagrado.

Sus biógrafos siempre lo enfrentan a los druidas, saliendo en todo momento victorioso, aunque bien pudiera ser que Patricio aprendiese en su país algunas artes druídicas para convencer así mejor a los irlandeses. También hay que contar con la posibilidad de que aquel druidismo necesitase un buen lavado y una nueva dirección, por contar con unos druidas más interesados en mantener su estatus junto a reyes y nobles que de cumplir sus auténticas funciones.

En muchas imágenes se representa a Patricio con una hoja del popular trébol, que él usaba para explicar el misterio de la Trinidad, cosa que no le tuvo que costar demasiado trabajo ya que en el panteón celta había varios dioses trinitarios. Del mismo modo, tal como harían otros religiosos posteriormente, tomó prestados muchos elementos de la historia y del folclore irlandés para apoyar sus enseñanzas, como por ejemplo, comparar a los doce apóstoles con los doce guerreros fenians, el cielo con el Tir Na nOg (Tierra de la Juventud) céltico o a Jesús con aquel Aesus mitológico, cuyo culto estaba relacionado con flagelaciones de un hombre atado a un árbol. (Estatua de San Patricio en Tara, Irlanda).

Según dejó escrito en su *Confessio,* su vida estuvo guiada por diversos encuentros místicos con Dios. Justamente este misticismo es una de las bases de la espiritualidad celta, donde es posible el éxtasis, la unión mística de Dios con sus criaturas. Esta «línea directa» fuera de control siempre puso nerviosa a Roma, y los místicos españoles (Prisciliano, san Juan de la Cruz o santa Teresa) bien podrían dar fe de ello.

En el 461, año de la muerte de Patricio, la Europa continental estaba envuelta en el caos. Otros continuaron su obra fundando a lo largo y ancho de la isla y del continente numerosos monasterios desligados de Roma, que aún tardará siglos en «meter en cintura» a aquellos díscolos irlandeses.

Y mientras los señores de la guerra de la nueva Europa no parecían distinguir la espada de la cruz, pacientes monjes irlandeses se pasaban la vida copiando antiguos manuscritos, muchos de los cuales seguramente ni entendían su significado y menos aun su trascendencia. Cabe preguntarse qué hubiera ocurrido con la civilización europea sin Patricio o sin los monjes irlandeses. De seguro hubiera sido muy distinta.

COLUMBA, EL LOBO CONVERTIDO EN PALOMA

Si hay que atribuir a Patricio el inicio de todo este proceso, es justo reconocer a Columba, mejor conocido por la forma gaélica Columcille (no confundir con el otro gran santo irlandés Columbano) el haberlo difundido fuera de la isla. Nació con el nombre de Crimthann (Lobo), dentro de una familia real de la provincia de Donegal y en el

180

clan más poderoso del Ulster. Además de poeta y visionario, era un líder natural, lo que le hacía candidato incluso para ocupar el puesto de Ard Ri (Gran Rey de Irlanda).

Sin duda, es el más célebre de los santos celtas. Y su vida es la mejor conocida, gracias a que su biografía oficial, escrita por uno de sus sucesores, nunca se perdió.

Hasta la edad de 40 años estuvo recorriendo diversos monasterios, entre ellos el de Derry, que él ayudó a construir en el claro de un bosque sagrado, negándose a talar un solo roble; incluso en una de sus oraciones decía: *Oh. Dios que estás en los cielos, permite que aquél que lo profane sea maldito.*

La presión de los demás por la cruenta guerra (la Batalla de los Libros) que él iniciase por culpa de un libro y una copia, hicieron que se fuese más o menos exiliado a la isla escocesa de Iona, «el lugar más cercano desde donde no podía ver Irlanda», pero también era un lugar conocido como la islas de los druidas o de los sueños, y era (y es) uno de los lugares más sagrados de la isla británica. Allí fundó el monasterio que llegaría a ser considerado como el centro del cristianismo celta.

Una vez establecido en Iona, Columba inició el trabajo de escribir el famoso Libro de Kells, llamado así porque, siglos después y debido a los ataques vikingos, este manuscrito llegó hasta el monasterio irlandés de Kells. Actualmente se encuentra en el Trinity College de Dublín. La producción e intercambio de manuscritos fue tal que se consideraba que la biblioteca de Iona era una rival directa de la de Alejandría. Desgraciadamente esta también acabó pasto de las llamas durante un asalto vikingo.

Tuvo fama de milagrero en vida y se sentía en armonía con la naturaleza y sus seres vivos; hasta el punto que incluso se le atribuye el primer encuentro documentado con el famoso monstruo del lago Ness, al que convenció de que no matase a un pescador.

Tras el éxito de su primer monasterio, Columcille se dispuso a abrir otros tanto en el territorio de la colonia irlandesa de Dalriada, germen de los futuros escoceses, como entre los pictos, los otros temibles habitantes de Alba (Escocia), de cuyo rey se hizo buen amigo. Para este pueblo, Roma era sinónimo de enemigo, ya que durante siglos las legiones romanas habían intentado conquistar sus tierras y someterlos, tal como hicieron con todos los pueblos de Britania. Por eso le vino muy bien a Columba no ser un representante de la iglesia de Roma, que sin duda hubiera provocado un rechazo difícil de superar.

Los hijos de nobles y reyes fueron enviados a Iona, la isla de los santos, para ser educados, lo que fue decisivo para que a su muerte dejase una herencia de paz en una tierra donde las continuas guerras eran la norma general. Sólo regresó a su isla con motivo del sínodo de Drumceatt, en el 547, y para defender a los bardos irlandeses, que iban a ser excomulgados debido a su excesiva arrogancia y falta de respeto por quienes detentaban el poder. La riqueza de folclore e historias de una antigüedad imposible de contabilizar y valorar adecuadamente fue el principal argumento que esgrimió el santo, así mismo gran poeta.

Tras su muerte *(en el altar de su iglesia y con la cara radiante de alegría)*, muchos de sus monjes se dispersaron en grupos de trece (un abad y doce monjes) por diversos lugares. Esa cantidad podía estar basada tanto en los doce apóstoles como en las partidas de doce guerreros más un jefe que tenían los populares guerreros irlandeses llamados *fenians*, o simplemente por seguir el ejemplo del propio Columba, que llegó a Iona acompañado por doce hombres.

BRÍGIDA, DE DIOSA A SANTA

Una de las cosas que peor soportó Roma de aquel Cristianismo Celta, además de parecerle (y seguramente tenían razón) una extensión del druidismo (algunos monjes se llamaban a sí mismo los «druidas de Cristo»), fue el papel tan significativo que tuvieron las mujeres. De hecho, una de las más importantes figuras de aquellos tiempos fue la que sería conocida como Santa Brígida.

Brígida fue hija del druida Dubhtach. Estudió con Mel, obispo de Armagh, que la ordenaría sacerdote y obispo sucesivamente. Fundó varios monasterios mixtos, el más importante de ellos en Cil Dara (actual Kildare), nombre de resonancias druídicas, ya que significa Templo del Roble, y un inmenso roble presidía el centro del recinto. Además de las actividades propias de una abadesa (a las que habría que añadir las de un abad, ya que también oficiaría la liturgia), Brígida atendía personalmente a la gente que acudía en peregrinación, ya que tenía la habilidad de sanar por imposición de manos, por lo cual llegó a ser llamada María de los Gaélicos.

Se dice que las vacas de sus monasterios daban leche tres veces al día, y así tendría que ser para alimentar a todos los peregrinos que llegaban, por lo que muchas veces se le representa ordeñando a una vaca, como ocurre en el bajorrelieve de la capilla de San Miguel, en la Tor de Glastonbury.

A pesar del inaudito y poco ortodoxo hecho, desde el punto de vista oficial romano, de que una mujer gobernase a los hombres (en uno de los santorales se dice que fue consagrada abadesa «por error»), no resultaba nada extraño desde el punto de vista irlandés, ya que aquella sociedad no discriminaba a las mujeres que mostraban cualidades especiales.

A su muerte se tuvo que construir la iglesia más grande de Irlanda, para acoger a todos los peregrinos, más numerosos que nunca. Y quiso Dios o la Iglesia que su muerte fuese un 1 de febrero, fiesta celta que se celebraba en honor a... Brígid, la célebre diosa celta. Así, a partir de entonces, la gran fiesta pagana de Imbolc se cristianizó, aunque durante siglos sólo cambiase la imagen de la mujer (de diosa a santa) a quien los irlandeses dedicaban sus alegrías de la fiesta del fuego y la fertilidad. Así, la figura y el nombre de Brígid, o Bride, pasó de ser la triple diosa de los herreros, poetas y sanadores (llamada también Diosa de Dos Eternidades o Madre de Toda Sabiduría) a ser la santa patrona de los mismos.

Las monjas de Kildare mantuvieron un fuego cuyas cenizas se consideraban milagrosas, hasta que en el siglo XII el arzobispo de Dublín decretó que aquello era una reminiscencia de cultos paganos y lo prohibió. Tras la muerte del arzobispo, el fuego fue reiniciado, hasta que la Reforma, llegada desde Inglaterra, acabó con todos los monasterios irlandeses.

COLUMBANUS, EL ENEMIGO DE ROMA

El más célebre de los monjes viajeros sería Columbanus. Estudió en el monasterio de Bangor gramática, retórica, geometría y griego y latín, y leyó a los autores clásicos, así como las Escrituras. Pronto le entraron las ganas de volar y, con doce compañeros, cruzó el mar. El primer monasterio que fundase en tierras galas sería el de Luxeuil, al que pronto se sumaron dos más. En sus escuelas se estudiaba el *trivium* (gramática, retórica y dialéctica) y el *quadrivium* (aritmética, geometría, astronomía y música). Esta última tenía gran importancia, ya que una persona ignorante de la música era prácticamente inútil en un monasterio donde el canto era la base de la liturgia, e incluso de la vida de un monje. Sus normativas tendrían influencia en la Orden Benedictina, que sería impuesta a los demás monasterios en el concilio de Aix-la-Chapelle en el 817.

Pero tuvo que vérselas con los obispos de la zona, que no contemplaban con buenos ojos aquella poco ortodoxa forma de hacer las cosas, comenzando por la celebración de la Pascua en días distintos al de ellos (el calendario de la iglesia irlandesa estaba basado en los cálculos de san Jerónimo y no en el calendario juliano), siguiendo con el emplazamiento de los monasterios, en pleno bosque, en vez de hacerlo al lado de una ciudad y a ser posible depender de la amabilidad de nobles o reyes, y terminando, con lo que tal vez era más grave, sin pedirle autorización y quitándoles clientela a ellos.

Otro de los aspectos entonces inaceptables desarrollados por la iglesia irlandesa, ajena por mucho tiempo a las directrices de Roma, fue un tipo de confesión directa entre el sacerdote y el penitente, o en su defecto con un buen amigo (el *anam-chara* o amigo del alma), que ni siquiera tenía que ser un religioso. Santa Brígida decía que alguien sin *anam-chara* era como un cuerpo sin cabeza. En el continente, por el contrario, la confesión era entonces un acto público y pública era la penitencia, ya que el pecador había atentado contra la Iglesia en su conjunto y a toda la comunidad correspondía conocer y perdonar la falta. En la imaginería medieval quedaron los penitentes vestidos con tela de saco y cubiertos de cenizas o los apellidos «vergonzosos» que no sólo debían llevar de por vida, sino que también recaían sobre sus descendientes (en España tenemos el Paniagua, una de las clásicas penitencias, similar al francés Boileau, «Bebeagua»). El sistema de la confesión privada fue introducido en Europa por Columbanus, desde el monasterio de Luxeuil, y acabó siendo el sistema aceptado por todos.

Al estar demasiado avanzado para aquellos tiempos, tuvo que enfrentarse a la conspiración de los obispos, que consiguieron que la reina-madre Brunilda de los burgundios, a la que Columbano había reprobado su inmoral tipo de vida, ordenase a las gentes del lugar que no se acercaran a los monasterios de los irlandeses ni les facilitasen alimento o ayuda.

Así que, Columbano tuvo que irse de allí. Pero, al fin y al cabo, tuvo más suerte que nuestro Prisciliano, que por menos fue condenado y decapitado. Un accidentado viaje le llevó hasta los Alpes, donde se quedó uno de sus seguidores, Gall, que, por ser conocedor de las lenguas germánicas, lo tuvo relativamente fácil a la hora de predicar entre los habitantes de aquellas tierras. A su muerte se construyó el monasterio de San Gall, al lado del lago Constanza, uno de los más grandes de su tiempo, que sería el inicio de la iglesia suiza. Otro compañero que sería santo fue Ursinus, que levantó un oratorio en medio del bosque, al lado del río Doubs, también en Suiza. Parece ser que, en consonancia con su nombre, los osos fueron sus principales acompañantes.

El viaje de Columbanus y sus seguidores continuó hasta el norte de Italia, donde se habían establecido los lombardos. Allí edificó el monasterio de Bobbio y desde allí escribió cartas al papa que sorprenden por su reprimenda y trato de igual a igual, por otro lado muy típico en un irlandés. No debió gustar aquello mucho a su destinatario, Bonifacio IV, que debía ser el primer papa que veía los papeles invertidos (*Tu silla, oh Papa, está manchada de herejía… Quienes preservan la auténtica fe tienen perfecto derecho a juzgar al Papa*), habiéndose adelantado Columbanus en mil años a Martín Lutero, aunque, al no haber intereses materiales por medio, no se produjo ni cisma ni guerra; de hecho, ni hay constancia de que el papa le respondiese. También escribió una «Carta a las naciones», en la que encomiaba a los creyentes a retornar al Pastor Jefe, *que no está al lado del Tíber*. Y es que Roma, tras cristianizarse había conseguido que el cristianismo se romanizara, convirtiéndose en una burocracia donde reinaban las intrigas, el abuso de poder, y en general la preponderancia del mundo terrenal.

A su muerte, en el 615, además de tener el mérito de haber reintroducido la literatura clásica en el continente que la produjo, dejó una gran cantidad de escritos, desde instrucciones para sus seguidores hasta poemas y canciones. Su fama fue tal que tanto en vida como a su muerte dio nombre a numerosos monasterios de los territorios del gran reino ostrogodo próximos a Bobbio, que hoy conocemos con el nombre de Francia, Suiza, Alemania e Italia. San Francisco de Asís visitaría sus monasterios y adoptaría muchas de sus formas para los suyos propios.

Otros santos celtas

Aidan fue uno de los seguidores de Columba y se encargaría de la conversión del Norhtumbria (norte de Inglaterra) donde reinaba Oswald, que había estudiado de joven en Iona; el rey incluso le acompañó personalmente en algunos de sus viajes y le apoyó económicamente para edificar el gran monasterio de Lindisfarne.

Otro santo procedente de Iona sería el célebre Brandán (Brendan) el Navegante, que llegaría con los suyos a Islandia, Groenlandia y, según aseguran algunos, a América, adelantándose en algunos siglos a Leif Eriksson y sus acompañantes vikingos. Claro que él lo hizo en un frágil barco tipo *currag*, hecho con piezas de cuero sujetas sobre un armazón de madera, como los que llevaron los emigrantes de la Edad del Bronce (posiblemente desde la península Ibérica), o los que aun usan los pescadores de las costas occidentales de Irlanda. En los monasterios europeos era fácil encontrar copias del libro *(Navigatio Sancti Brandani)* que describe su viaje de siete años (hoy en día existen 100 manuscritos), por lo que constituyó un elemento muy importante dentro del folclore medieval, siendo especialmente popular la historia del desembarco en el lomo de una gran ballena. En 1976, el británico Tim Severin hizo una reconstrucción del barco de Brandán y se echó a la mar demostrando que podía llegarse a los lugares citados en el libro.

Tras viajar a la cercana Gales, Finnian fundó seis monasterios, uno de ellos en Clonard, donde llegaron a vivir 3.000 monjes. Uno de sus novicios fue Ciaran, fundador del gran monasterio de Clanmacnois, que llegó a ser descrito como la Universidad de la Irlanda Celta. Uno de sus pupilos fue Kevin, que vivió entre monjes toda su vida. Tras la muerte de su maestro se estableció en Glendalough, monasterio que llegaría a ser universidad y *rí fearta* o cementerio de los reyes de Leinster. Allí se construyó una celda (que aun puede visitarse) en la que vivió como eremita, vistiendo sólo con pieles de animales que morían de vejez, al lado de uno de los dos lagos de la zona. Eso no quiere decir que estuviese totalmente desconectado del mundo, ya que su fama de santo hizo que tuviese que recibir a cantidad de gente que llegaba desde toda Irlanda. Allí permaneció hasta su muerte, a los 120 años.

Hilda, de familia noble, siguiendo las pautas de Brígida, fue abadesa de un doble monasterio (Whitby) de monjas y monjes. Junto al poeta Caedmon hizo una serie de canciones que facilitaban el aprendizaje y comprensión de las escrituras a quienes no podían leerlas. Santa Ita, tuvo fama de vidente y sanadora. Fue la fundadora de un monasterio con escuela en Kileedy. Cuthbert vivió en los Borders, la zona intermedia entre Escocia e Inglaterra, en la abadía de Melrose, donde alternaba periodos de soledad con viajes por los alrededores, donde, según se cuenta, cada vez que predicaba realizaba algún milagro. En el sínodo de Whitby, aceptó las reformas impuestas por Roma y fue nombrado prior de Lindisfarne.

Además de estos, muchos otros monjes llegarían a un continente europeo completamente dominado por los pueblos bárbaros, más o menos cristianizados, pero completamente analfabetos, como Fridolt, que llegó a Francia, también acompañado por doce seguidores, y estableció una escuela teológica en Poitiers, o Disibod, que levantó innumerables iglesias y escuelas por Francia y Alemania.

En España podría haber ocurrido algo similar de no haber sido porque la iglesia católica condenó y ejecutó a Prisciliano. De haberse salvado, seguro que hoy en día también figuraría en el santoral.

Prisciliano, el santo que pudo ser

Siglo IV, con una España (y Europa) viviendo la decadencia del imperio romano y en la antesala de las invasiones bárbaras, con un cristianismo plagado de disidencias y herejías que intentaba afianzar como fuera el poder espiritual de Roma.

Prisciliano nace en la región de Gallaecia, actual Galicia, de una familia noble. Recibe una buena educación en la que, a tenor de sus ideas futuras, convergen diversos tipos de filosofías, entre las que hay algún influjo druídico.

A pesar de su infancia en el seno de una familia rica, vivió con austeridad y esa fue la principal reforma que pedía a los enriquecidos representantes de la iglesia. Otra cosa que le aportó muchos seguidores era el trato de igualdad que daba a las mujeres, aspecto que por otro lado atraerá hacia él las peores críticas por parte de la jerarquía eclesiástica.

Es nombrado obispo de Ávila, pero eso no mejora su situación. Es acusado de practicar la magia. En el 380, el sínodo de Zaragoza condena oficialmente a Prisciliano, que se no ve otro remedio que acudir a Roma para hablar con el papa Dámaso. No lo consigue, ya que el emperador Máximo, alertado por los obispos españoles, hace que le detengan y le torturen. Tras un juicio, él y cinco seguidores son decapitados en Tréveris, convirtiéndose en los primeros herejes ejecutados por un tribunal civil. Sus propiedades son confiscadas.

Otros seguidores llevaron los cadáveres de vuelta a Hispania, donde continuó más o menos clandestinamente el priscilianismo, con el añadido de contar ahora con un mártir. Desde hace mucho se ha mantenido una corriente de opinión según la cual Prisciliano estaría enterrado en la cripta de la catedral de Santiago de Compostela.

3

Iluminando
la Edad Oscura

A COMIENZOS DEL SIGLO V, DEJARON DE EXISTIR LAS FRONTERAS FÍSICAS ENTRE EL MUNDO CIVILIZADO Y EL BÁRBARO: aprovechando que el Rin estaba congelado, las hordas de suevos, vándalos y alanos traspasaron esta barrera natural y recorrieron toda Europa, arrasando cuanto encontraron a su paso. Fue entonces cuando el visigodo Alarico entró a saco en Roma, intocada desde el asalto de los galos celtas bastantes siglos antes, cerrando y abriendo capítulo en la historia de la humanidad, ya que, con la invasión de los pueblos germánicos, innumerables manuscritos de la cultura greco-romana ardieron para siempre o quedaron enterrados entre las ruinas de monasterios y bibliotecas del antiguo imperio. Así se inició la llamada Edad Oscura.

¿Desde dónde provino la luz?

La cultura, arrinconada por un impulso físico tan elemental como el que otorga el hambre, fue lo primero en perderse en todo el continente. Muchos monjes llegaron a huir a Irlanda llevándose tantos libros como podían transportar (cuando los vikingos invadieron Irlanda, algunos siglos más tarde, el proceso sería inverso). Y es posible que también llegasen gentes procedentes de comunidades ascéticas de oriente, tal como las que había en aquellos tiempos en las zonas desérticas de Turquía, Egipto o Siria, pues hubo cierto cambio de estilo apreciable en algunos adornos, que podrían proceder de los escribas coptos; también por esa época se traducen por primera vez textos egipcios.

Prácticamente el único contacto de los celtas irlandeses con otros pueblos fue el que tuvieron en sus viajes de saqueo a la cercana Gran Bretaña, sobre todo para conseguir esclavos. Como hemos visto antes, uno de esos esclavos, llamado Patricio, sería quien iniciase la cristianización del país que conservaba las tradiciones más antiguas de Europa, siendo también el catalizador de un movimiento monástico de hombres y mujeres en aquel apartada isla que cambió su propio rumbo y con el tiempo el del mundo.

Aquellos irlandeses contaban con un largo historial de tradición bárdica, con cantidad de relatos que pasaban de boca en boca durante generaciones. Los bardos eran personajes muy respetados por todos, ya que, además de procurar diversión, eran al memoria del pueblo. Los monjes irlandeses, amantes de sus tradiciones y leyendas, decidieron transcribirlas al mismo tiempo que copiaban los textos recuperados del continente.

Irlanda fue uno de los pocos países, tal vez el único, donde el cristianismo entró sin provocar baños de sangre. Muchos religiosos se retiraron a la soledad de los bosques o de pequeñas islas o a las montañas, lejos de las miserias cotidianas; buscaban lugares que los celtas siempre habían asociado con el contacto divino, aunque ahora lo hacían para estudiar las Escrituras y sentirse junto a Dios.

Con la implantación pacífica del cristianismo, en Irlanda quedaron proscritos los sacrificios humanos y la esclavitud, pero no lo hicieron dependiendo de los edictos de Roma. Al contrario que los religiosos continentales, los irlandeses no se esforzaron demasiado en erradicar las costumbres paganas. Continuaron los festivales, los matrimonios a prueba de Lugnasad o los ritos de fertilidad en las fiestas de Beltane, que tanto escandalizaban en otros lugares. En los escritos de san Patricio no hay citas represivas contra las costumbres sexuales de los irlandeses.

Además de los eremitas, surgieron infinidad de comunidades monásticas, de las que puede decirse que fueron las primeras ciudades irlandesas; además de ser autosuficientes, fueron el foco desde donde se expandió el arte y la cultura. Algunas fueron tan grandes y tan bulliciosas como la de Glendalough o tan pequeñas y remotas como la del islote Skellig Michael.

En aquellos monasterios no se conformaron con aprender y enseñar las Escrituras, las vidas de los mártires o los comentarios de los padres de la Iglesia. La proverbial curiosidad por conocer historias (ya llevaban muchos siglos de tradición bárdica) también les llevó a leer la literatura greco-latina.

Por lo tanto, los centros monásticos irlandeses se convirtieron en el caldero donde se removía por igual la sabiduría druídica con la cristiana y con la del mundo llamado clásico, formando así unos centros de conocimiento sin parangón hasta entonces. También tenían la peculiaridad de que no se discriminaba a las mujeres, en aquellos tiempos de absoluta misoginia cristiana.

Algunos estudiosos del tema han llegado a sugerir que fueron los propios druidas irlandeses, ya viendo el irremediable decadencia en la que habían desembocado, quienes propiciaron la escritura de historias y poesías. En ellas estaban las claves para que las enseñanzas no se perdieran (algo similar a lo que es su día hicieron los sacerdotes egipcios). Hasta entonces, nunca habían sido escritas ya que todo se trasmitía obligatoriamente de maestro a pupilo. Sin duda también fueron conscientes de la barbarie en la que había caído la Europa cristiana. Así que, entre la copia de las Escrituras o la hagiografía de algún santo, hacían lo propio con los textos de Virgilio o los versos druídicos de Amergin.

TIEMPO DE CAMBIOS

El centro del viejo imperio basculó desde Roma a Constantinopla. Las nuevas sociedades medievales europeas ya ni tienen recuerdos de que alguna vez existiesen bibliotecas (sólo en Roma llegó a haber veintiocho). Al menos hasta el tiempo de Isidoro de Sevilla o la del Vivarium de Calabria, aunque esta última no tardó mucho en desaparecer pasto de las llamas.

Bien es cierto que la Biblia hebrea se hubiera preservado en las comunidades judías, o que la Biblia cristiana y los escritos griegos se mantendrían seguros en Bizancio, pero parece ser cierto que la literatura latina se hubiera perdido definitivamente sin los monjes irlandeses. También puede decirse que la trascripción de las historias y leyendas irlandesas hizo que, más tarde, muchos países quisieran recuperar su literatura tradicional. Algo similar a esa influencia incluso la podemos ver hoy en día respecto a la música. El éxito de la llamada música celta, proveniente mayoritariamente de Irlanda (donde la llaman simplemente tradicional), ha despertado el interés de, por poner un ejemplo, músicos gallegos o asturianos por recuperar un folclore y unas armonías que hasta hace poco quedaban recluidas a ámbitos rurales, siendo incluso menospreciadas. ¿Existirían, tal como los conocemos ahora, Milladoiro, Carlos Nuñez, Llan de Cubel o Hevia sin que hubiesen existido los Chiefftains, Lyam O'Flynn o Clannad?

Seguramente las noticias inquietantes que llegaban desde el continente les llevó a la idea de copiar aquellos libros de la antigüedad. Y no sólo eso, ya que también pusieron manos a la obra respecto a las historias que todos ellos habían escuchado durante los largos inviernos en torno a la hoguera, contada por los padres, o en las ferias, contadas por algún bardo itinerante. Así tenemos que la literatura irlandesa es una de las más antiguas de Europa, en muchos de los casos con una tradición de miles de años en el momento de ser transcritas.

Los monjes irlandeses, debido a su aislamiento natural, no sólo no vieron interrumpido su trabajo sino que lo incrementaron y acabaron convirtiéndose en los refundadores de la civilización europea.

Mientras que en Europa ningún hombre educado pensaba siquiera en usar su lengua vernácula, los irlandeses escribieron tanto los oficiales latín y griego, e incluso hebreo, como su irlandés gaélico materno.

Y, como también eran grandes artistas, los textos los iluminaron con bellos dibujos, complicadas letras capitales o ese tipo de ornamentación abstracta tan querida por ellos, sin duda basadas en los petroglifos megalíticos, como los de Newgrange, que también sirvieron de inspiración a los orfebres, herreros y tallistas. E incluso crearon dos tipos de escritura: una más pomposa y otra, todo en minúsculas, mucho más fácil de escribir y leer. Esta última sería adoptada por casi todos los escribas medievales europeos.

Los códices irlandeses se escribieron en blanca piel de ternera o cordero, tan abundantes en la isla. El tamaño y la orientación (similares a los actuales libros) quedaron determinados por la cantidad de páginas que podían conseguirse con cada piel. Y, como las transcripciones se convirtieron en un negocio, los monasterios ofrecían tanto códices perfectamente encuadernados, con bellas y a veces recargadas cubiertas, como una especie de versiones en rústica, con las hojas sueltas, que desde luego eran mucho más baratas.

PROBLEMAS CON ROMA

Gracias a aquellos hombres vestidos con túnicas blancas, al igual que los druidas, conocemos las historias más antiguas de Europa. Viajaron al continente y fundaron monasterios que más tarde darían lugar a ciudades tan importantes como Viena, Salzburgo o Lieja. Y es de suponer, aunque no ha quedado mucha constancia escrita, que también hubo irlandesas viajeras, a juzgar por la cantidad de iglesias dedicadas a santa Brígida. Otra evidencia fue el descubrimiento en Bélgica de un sarcófago con ornamentación céltica y la figura de una mujer con báculo de obispo.

En los tiempos en que Columcille hacía prosperar el monasterio de Iona, donde se escribió el famoso Libro de Kells, el primer misionero enviado por Roma llegaba a la Inglaterra de los britones celtas, a quienes habían arrebatado gran parte de sus territorios los sajones, anglos y jutos, pueblos germánicos llegados de los actuales Jutlandia y norte de Alemania. Por aquel tiempo también se expanden los monasterios de irlandeses, como el de Lindisfarne (más adelante se haría muy célebre, al sufrir el primer asalto histórico de los vikingos), fundado por Aidan, seguidor de Columcille.

Pero no tardaron en surgir enfrentamientos en el territorio inglés entre los irlandeses y Roma, que no parecían ir en la misma dirección. Los «romanos» se volvieron inflexibles, acusando a los irlandeses de herejía incluso por los cálculos que hacían para determinar la Pascua, que difería en algunos días del calendario oficial, o la santidad que atribuían a los huesos de su fundador Columcille, o la *berrag*

mog, tonsura celta similar a la druídica (como la llevaba su dios Ogma: de oreja a oreja, dejando crecer un mechón delante y otro detrás) en vez de la clásica coronilla romana (durante años, unos y otros entablaron interminables discusiones sobre si la de los irlandeses era la tonsura de San Juan o la Simón el Mago).

Pero mientras los sínodos discutían tales cosas, los pueblos germánicos asentados en Inglaterra también eran cristianizados, y sus monjes, siguiendo los pasos de los irlandeses, comenzaron a transcribir su legado cultural. Así hoy podemos leer el poema épico de Beowulf, el gran héroe de los tiempos paganos en el norte del continente, que se enfrenta y vence a monstruos gracias a su fuerza y coraje.

En el siglo VII, una nueva oleada de monjes irlandeses e ingleses llega al continente, siguiendo el ejemplo de los hermanos que les precedieron. Uno de ellos sería Alcuin, que bajo el reinado de Carlomagno dirigiría la Escuela Palatina, germen de la Universidad de París, y que se abastecería de libros hechos en las islas.

Irlandeses y Vikingos

El último gran pueblo europeo en ser cristianizado serían los vikingos. Y cuando se establecieron en Islandia, llegaron monjes irlandeses que adaptaron la fonética nórdica a la escritura latina, tal como ya habían hecho en su país y en Inglaterra, y comenzaron a transcribir la gran tradición oral de sus antepasados.

Pero antes de que eso ocurriese, los vikingos invadieron parte de Irlanda y saquearon todos los monasterios que pudieron, atraídos por las grandes riquezas que custodiaban. Eso incluía las tapas de los libros, muchas veces incrustadas con piedras preciosas.

Los monjes idearon entonces construir las torres tan características en sus monasterios desde entonces. Tenía la entrada en la parte superior, a la que se accedía con una escalera de cuerda. En su interior se guardaban los tesoros y

almacenes del monasterio, y siempre había un vigilante que, desde tal altura, podía dar la voz de alarma con suficiente antelación que permitiese a todos subir y ponerse a salvo.

ESCRIBAS RELIGIOSOS Y LAICOS

Ya hemos visto que los monjes irlandeses practicantes del cristianismo celta abrieron innumerables monasterios en el continente entre los siglos VI y VIII. Y surgieron nuevas órdenes que desde el principio tuvieron bien claro el papel que debían jugar en la historia respecto a la recuperación de la cultura. Las ordenanzas de San Benedicto, que sirvieron de guía en tantos monasterios, hacían hincapié en la importancia del mantenimiento de bibliotecas y el uso de los libros.

Con el paso de los siglos y el respeto a los monasterios, el número de textos se incrementa considerablemente, así como la demanda, lo que hace que algunos centros deban incluso buscar escribas e ilustradores laicos para mantener el nivel de producción.

La enseñanza fue prácticamente un monopolio de la Iglesia, hasta la creación de las universidades, como la de París o Bolonia, que también necesitaron incorporar escribas para la gran demanda de libros por parte de los estudiantes, las nuevas bibliotecas e incluso la nobleza, para quienes un manuscrito bellamente decorado debía significar un objeto de prestigio.

Esta nueva demanda creo las librerías, normalmente abiertas en torno a las catedrales o en las plazas de las grandes ciudades, donde podían hacerse encargos de nuevas copias, en las que el cliente decidía el tamaño y el tipo de ilustraciones, lo que tendría incidencia en el precio final del manuscrito. Así, alrededor del siglo XII, la mayoría de los libros ya no están escritos en los monasterios.

Un escriba monacal solía escribir tres o cuatro libros al año, pero un escriba laico que viviese de su trabajo en una librería podía hacer lo mismo en cuestión de semanas. También llegó el tiempo en que monasterios y universidades publicaban listas de los libros que tenían disponibles y las tarifas por dejarlos copiar. De manera parecida, los escribas profesionales hacían muestrarios con los tipos de letras que mejor dominaban, para que así el cliente pudiese elegir.

Utensilios

Otros artesanos asociados al mundo de los manuscritos medievales eran los *percamenarius*, es decir los que hacían los pergaminos (vitelas) de los libros a partir de las pieles de animales. Normalmente se usaba la piel de ternera, pero también se han encontrado de oveja, cabra, cerdo e incluso ardilla. Aunque unos análisis recientes dejaron al descubierto que los mejores pergaminos son los que se hicieron con pieles de animales abortados, como los que forman las páginas extremadamente delgadas y suaves como la seda de la Biblia de París.

Pasados más de mil años, el tiempo ha demostrado que las vitelas tratadas según aquellos métodos son extraordinariamente resistentes.

La preparación de las vitelas era un proceso lento. Cada maestro artesano tenía su propio truco para conseguir los mejores resultados; algunos de ellos quedaron reflejados por escrito. Lo más corriente es que la piel se pusiese en remojo en un depósito con agua corriente durante un día y una noche, hasta que estuviese tan blanda que el pelo se desprendiese con facilidad. Después, la piel debía colocarse sobre una plataforma de madera para acabar con los pelos con un cuchillo curvo de doble empuñadura; el proceso se podía repetir por el otro lado, para quitar algún resto de carne o grasa. Esta parte se completaba con más tiempo de inmersión de la piel en el agua.

La siguiente parte consistía en secar el pergamino en un bastidor de madera, sujeto con clavijas ajustables. Cuando estaba seco, la piel se raspaba de nuevo con otro cuchillo, también curvo, pero con un mango central, hasta darle el grosor, la suavidad y textura deseados. Una vez cortado, el pergamino está listo para su comercialización; se le puede enrollar y almacenar o transportar fácilmente, siendo vendidos por docenas.

Se supone que cada escriba se conseguía sus propias plumas de escribir, siendo más usadas las de cisne y oca, aunque para las escrituras más pequeñas eran preferibles las de cuervo. Las de pavo, consideradas las mejores de todas, no se usaron hasta el siglo XV, ya que estas aves eran originarias de América. Y debía ser todo un arte darle el corte exacto a la punta. Es posible que a lo largo de una jornada fuese preciso hacer nuevos cortes e incluso utilizar varias plumas.

Al principio, los monjes hacían su propia tinta, pero al incrementarse el negocio de los manuscritos también se produjo una especialización artesanal. Hubo muchas fórmulas para dos tipos básicos de tinta: uno basado en el carbón y el otro en el hierro. Algunos componentes eran tan curiosos como las «manzanas del roble», una especie de bolitas que se encuentran entre los vástagos del árbol después de que una avispa ponga sus huevos en los brotes y una esfera verduzca se forme en torno a la larva. Cuando el insecto se va, queda esa «manzana de roble», rica en ácidos que servían para la elaboración de la tinta. Había también sulfato ferroso, goma arábiga, vino, agua de lluvia y muchos más.

En unos pocos siglos, de la improvisación y la apropiada lentitud de los monjes irlandeses que trabajaban para los archivos de su propio monasterio, se pasó a la producción asalariada laica, donde las ideas mercantilistas no dejaban demasiado lugar para las bellas páginas cargadas de amoroso trabajo y espiritualidad que les precedieron en el tiempo. En algunos manuscritos incompletos pueden verse como primero se hacía a lápiz una especie de maquetación, dibujando los márgenes, los cuadros donde debían ir las ilustraciones, y las líneas que debían escribirse, en columnas o seguidas. Una vez terminado, se llevaba al iluminador para completar el trabajo. Al fin y al cabo, las prisas y el trabajo en cadena parece que no son un invento tan reciente.

ILUMINADORES, LA ALQUIMIA DEL COLOR

No se considera iluminación al dibujo que no contenga oro o plata entre sus colores. Por ejemplo, los monjes cistercienses usaban dibujos para decorar sus libros, pero no permitían el uso del oro ni la plata, por considerarlo una frivolidad fuera de lugar en su modo de vida. Por lo tanto, no eran iluminadores.

Había varios métodos para conseguir que el oro se adhiriese a los pigmentos, especialmente mezclando el polvo del metal con la goma arábiga. Esta tinta dorada se distribuía en conchas de ostra y se aplicaba con finos pinceles o plumas. La tinta dorada no era fácil de preparar ni de usar, pero en cualquier caso era más fácil que el otro método, consistente en finísimas láminas de oro que se pegaban con muchísimo cuidado en el lugar correspondiente.

El reflejo de las llamas de titilantes velas debía producir un efecto de movimiento y hasta de cierta tridimensionalidad que para muchos debía ser más entretenido que leer el texto mismo.

En algunos manuscritos pueden observarse instrucciones sobre qué colores han de usarse, lo que parece indicar que una persona hacía los dibujos y otra los coloreaba, tal como hoy en día se hace en la industria del cómic. También hay indicios de que se usaba un color cada vez para ilustrar todas las hojas y repetir el proceso con el siguiente color.

El uso y combinación de extractos de plantas, raíces y minerales daba lugar a una gama muy amplia de colores y tonalidades. El más usado fue el rojo seguido del azul. El primero provenía del cinabrio de España o de Siena o del resultante de mezclar mercurio con sulfuro, este último muy venenoso. También había fórmulas para el rojo que incluían la sangre del dragón, que seguramente se referían a la savia del árbol draco, como el que hay en Icod de los Vinos, Tenerife.

El azul se obtenía de la azurita, muy común en Europa pero difícil de preparar debido a su dureza, o del lapislázuli, más manejable pero que debía traerse desde Afganistán; este daba el color ultramarino. El verde se obtenía de la malaquita, que podía mezclarse con polvo volcánico o azafrán para obtener otras tonalidades.

En siglo XV los ilustradores profesionales tenían tarifas para todos los tipos y tamaños de trabajos posibles, ya fueran dibujos, letras capitales u otro tipo de adornos.

A muchos libros que debían ser copiados, se les arrancaban las hojas para facilitar el trabajo, colocándolas sobre el escritorio sujetas entre unas cintas. Cuando el nuevo manuscrito estaba terminado, el viejo volvía a encuadernarse.

Las tapas solían hacerse de madera de roble o pino, también de cuero, en el que se podía estampar alguna imagen, o de una especie de cartón hecho con hojas descartadas pegadas unas a otras. Al principio, las tapas se cortaban al tamaño justo de las hojas, para más tarde dejarlas algo más grandes. En algunos casos los libros eran «encamisados» con telas, brocados y pedrerías.

Así vemos como en la elaboración de un manuscrito medieval, además del trabajo de escribas e iluminadores, intervenían indirectamente animales, insectos, plantas, árboles o minerales, de lugares cercanos o muy lejanos. Toda una alquimia cuyos frutos han llegado hasta nuestro tiempo.

4

Dos Leyendas
irlandesas

Como hemos visto antes, Irlanda no fue conquistada por los romanos, lo que le permitió ser el último país donde perduraron las tradiciones y sobre todo las leyendas célticas. La primera influencia foránea le llegó de la mano del cristianismo, llevado allí por San Patricio en el 423, aunque la iglesia que se fundó mantuvo durante mucho tiempo su independencia de Roma.

En Irlanda convivieron durante algún tiempo los monasterios con las escuelas druídicas; de estas últimas saldrían algunos eruditos que acabarían convertidos en monjes y llegarían a santos. La cruz se unió con el anillo solar fijando la iconografía que desde entonces representa al cristianismo celta.

En los monasterios se adaptó la fonética gaélica (celta) a los caracteres latinos y se comenzaron a transcribir aquellas viejas leyendas que ahora forman el corpus de la literatura medieval irlandesa, dividida en cuatro grandes temas o ciclos: El «Ciclo Mitológico», el «Ciclo Histórico o de los

Reyes», el «Ciclo del Ulster o de Cu Chulainn» y el «Ciclo de Finn o de Ossian».

Muchos manuscritos medievales irlandeses acabaron en distintos monasterios europeos debido al miedo que provocaron los asaltos vikingos a partir del siglo VIII, con las consiguientes destrucciones de aquello que no consideraban suficiente valioso como para llevárselo. Cuando los normandos se instalaron en la isla, después de hacerlo en Inglaterra, volvió cierta estabilidad a los monasterios, que reiniciaron sus antiguos trabajos. Es el tiempo en que se rescriben las antiguas leyendas paganas de la tradición bárdica, aunque ya la influencia de los druidas ha desaparecido, por lo que a veces se introducen elementos del everismo cristiano que indudablemente no podían estar incluidos en las historias originales, como ocurre con las genealogías que parten de patriarcas bíblicos.

EL LIBRO DE LAS INVASIONES

El Libro de las Invasiones de Irlanda *(Leabhar Ghabhála Erinn)* pertenece a los manuscritos que se reunieron bajo el llamado Ciclo Mitológico. Con un lenguaje sencillo y descriptivo, en verso y en prosa, narra a lo largo de trece capítulos las seis invasiones que en la antigüedad sufrió Irlanda, desde Ceasair, nieta de Noé, hasta la llegada de los Hijos de Mil, procedentes de España.

La primera invasión (Ceasair): Cuando su abuelo Noé le negó la entrada en el Arca, Ceasair, estando segura de la próxima llegada del diluvio, reunió a tres hombres y cincuenta mujeres que tampoco pudieron entrar (sólo había lugar para ocho parejas humanas, y además libres de pecado), y embarcó hacia un lejano lugar, visto en una profecía, donde no deberían llegar las aguas.

Cuando llegaron a Irlanda, los tres hombres se repartieron las cincuenta y una mujeres y ocuparon tierras distintas. Uno de ellos no tardó en morir «por exceso de mujeres», con lo que sus diecisiete viudas se repartieron entre los otros dos varones; no tardó otro (el propio padre de Ceasair) en caer también «por las muchas jóvenes mujeres», por lo que el tercero salió huyendo. De poco le sirvió, ya que el diluvio llegó en cuestión de días.

La segunda invasión (Portholon): Portholon era octavo en el linaje de Noé. Llegó desde Escitia (entre los mares Negro y el Caspio), después de pasar por España, cuando Irlanda llevaba 200 años deshabitada. En su tiempo se produce la anécdota del primer adulterio y el primer crimen pasional conocidos en la isla: Dadgnat, su mujer, sedujo a un esclavo. Ella salvó su vida aduciendo que se encontraba desatendida por su parte, pero al esclavo lo mató a pesar de haber sido incitado.

En aquella época se talaron árboles para conseguir las primeras tierras de cultivo, se construyeron las primeras casas y se elaboró la primera cerveza. También a la muerte de Potholon se produjo el primer entierro en Irlanda.

Este pueblo pereció, excepto un individuo, por culpa de una plaga que se desató a lo largo de una semana, cuando se debería celebrar la fiesta de Beltane, justamente la misma fecha en que llegaron a Irlanda.

La tercera invasión (Nemed): Después de treinta años deshabitada, llegó a Irlanda Nemed, también procedente de Escitia. En Irlanda encontraron a los fomores (no-humanos, al parecer de gran tamaño, de los que nunca se cita su origen ni se considera su llegada como las otras invasiones), y se producen luchas continuas.

Bajo el reinado de Nemed se construyeron las primeras fortalezas redondas típicas de Irlanda. Tras vencer algunas batallas a los fomores, Nemed murió por una plaga junto a muchos de los suyos.

Los supervivientes fueron férreamente sometidos por los fomores *(ni humo de las casas podía verse, sin su consentimiento)*, que les impusieron la entrega de dos tercios de sus cosechas y otro tanto de sus hijos en la noche de Samhain.

Los descendientes de Nemed pidieron tres años de tregua para el pago del impuesto, cosa que les fue negada. Así que reunieron a todos los hombres posibles, mas mercenarios y guerreros llegados de Grecia, donde tenían familiares (Nemed había tenido allí dos hijos con la hija del rey Sinol), que llegaron con druidas y animales venenosos.

Primero hubo una guerra de druidas de ambos bandos, perdiendo los fomores, cosa que sirvió como anticipo para la siguiente guerra. Los nemedios y sus aliados fueron venciendo batalla tras batalla hasta que llegaron a la isla de Tory, donde estaba la fortaleza de Conainn, el jefe fomore. Como nadie salía a presentar batalla, les echaron los animales venenosos. Los fomores que no murieron por ellos salieron y fueron exterminados. Los griegos regresaron con el botín de guerra y los nemedios permanecieron en la isla, aunque no tardó en llegar una flota de fomores, que acudían en ayuda de Conainn. Los nemedios, desprevenidos y agotados por la reciente guerra fueron derrotados. Pocos sobrevivieron huyendo de allí.

La cuarta invasión (Fir bolg): Doscientos años después llegaron los fir bolg, descendientes de los nemedios que huyeron a Grecia, donde los griegos acabaron esclavizándolos. Allí tuvieron que encargarse de hacer fértil una tierra pedregosa, por lo que les dieron sacos de cuero para retirar las piedras. Pero con esas bolsas mas cuerda y madera se construyeron algunas embarcaciones con las que consiguieron escapar a la tierra de sus antepasados.

Con los fir bolg (nombre genérico que engloba a los propios fir bolg, mas los fir domnann y los galioin) se inició el nombramiento de reyes en Irlanda (el primero fue Slainghe), establecieron la capital en Tara y se dictaron las primeras leyes. Su rey más célebre (y último) fue Eochaid, que reinó durante 10 años, en los que no se produjeron guerras entre ellos ni tormentas que asolasen las cosechas. Al parecer, no tuvieron problemas con los fomores.

La quinta invasión (Tuatha Dé Danann): Otro de los nemedios huidos de Irlanda fue el originador del linaje de los Tuatha Dé Danann (Pueblo de la Diosa –Madre– Dana), que produjeron la siguiente invasión. Estos eran unos seres poderosos que en Irlanda se enfrentaron tanto a los Fir Bolg como a los fomores, aunque también hubo tratos, bodas y cruce de sangres.

Cuando llegaron a Irlanda, un primero de mayo (Beltane) a las costas de Corcu Belgatan (actual Connemara), quemaron sus naves, provocando una humareda que se extendió sobre la isla durante tres días y tres noches. Hay otras leyendas acerca de este pueblo que aseguran que sus naves llegaron volando por los aires, envueltas en una nube mágica.

En el *Leabhar Ghabhála* sólo se citan genealogías y nombres de reyes, tal vez porque la historia de este pueblo ocupa otras obras. En algunos de esos manuscritos se habla de este pueblo en términos de semidioses, que habían estudiado en las «islas del norte del mundo» artes druídicas y magia.

Procedían de cuatro ciudades míticas, donde estudiaron artes mágicas (en el manuscrito se puntualizan ciencia oculta, brujería, artes druídicas y habilidades mágicas), en cada una de las cuales consiguieron un objeto de especial poder hecho por un druida legendario: Murias, con el Undri, el caldero de Dagda hecho por Semias; Finias, con la Cliamh Solais, la espada de Nuada hecha por Uscias; Gorias, con la Sleá Bua o lanza de Lugh hecha por Esras; y Falias, con la Lia Fail, la piedra del destino de Tara, preparada por Morfessa.

Cuando llegaron, su rey era Nuada. Por parte de los fir bolg reinaba Eochaid y en los fomores Balor. No fue posible la paz ni con unos ni con otros.

En la primera batalla de Magh Tured vencieron a los fir bolg, que se retiraron a las islas del oeste, aunque Nuada perdió una mano, por lo que tuvo que dejar la soberanía.

La segunda batalla de Magh Tured fue contra los fomores. Antes de que tuviese lugar ya se habían hechos intentos de aproximación entre ambos pueblos por medio de alianzas matrimoniales, como el de Bres, hijo del rey fomore, y

Los fir bolg pudieron vivir en el Dun Aengus, fuerte de piedra del s. V a.C., sobre la colina de Grianan Ailigh (Inishmore, la mayor de las islas Arán), tras ser vencidos por los Tuatha Dé Danann. Sólo tiene muralla semicircular, ya que la otra parte está protegida por un acantilado plano de unos 200 metros de altura.

Elantha, mujer daneana; incluso dejaron que Bres fuese el soberano de toda la isla. Pero este los traicionó permitiendo la entrada del ejército que hasta entonces había estado preparando su padre en la isla de Tory.

Los daneanos volvieron a nombrar rey a Nuada, ya que el médico Diancetch le fabricó una mano de plata, mejorada después por su hijo Miach con un brazo completo con tendones y articulaciones. La guerra está próxima y las fuerzas son muy desiguales;, en principio, ellos llevan las de perder.

Un dios celoso

Diancecht acabó siendo el dios de la medicina para los irlandeses. Pero este dios tenía una mancha en su historial: en un ataque de celos profesionales mató a su hijo Middoch, que le había superado en conocimientos. De la tumba de este brotaron 365 hierbas medicinales específicas para cada parte del cuerpo de las que surgieron.

Es entonces cuando aparece un personaje esencial en esta historia, un joven llamado Lug, que era hijo de un matrimonio mixto (Ethne, hija de Balor, y Cian, hijo del médico Diancecht), que elige el bando paterno y que asegura poseer todas las habilidades, cosa que demuestra tras una intensa prueba. Nuada, que ya tenía el apodo *Airgeatlamh*, Mano de Plata, decide que dirija en su nombre al ejército. Lleva consigo a un herrero llamado Golbiu, capaz de rehacer todas las armas que se fueran inutilizando a lo largo de un combate, y a Diancecht, capaz de sanar a cualquier herido e incluso recuperar a los muertos, siempre y cuando no los hayan decapitado. También le acompañan los mejores guerreros (un hombre, Ogma, y una mujer, Morrigan), el druida Figols, que lanzará lluvias de fuego sobre el enemigo, varias brujas, que conseguirán que la naturaleza se vuelva contra ellos, y unos hechiceros que son capaces de provocarles una terrible sed y al mismo tiempo impedirles orinar, secando de paso los doce lagos y doce ríos donde podrían aprovisionarse de agua. Finalmente, el bardo del rey, que con uno de sus versos hará que se sientan avergonzados. No es mala compañía para una guerra en la que la magia será un arma más. Pero los fomores poseen poderes similares.

Se suceden los días de terribles matanzas por parte de ambos contendientes. Entre los fomores destaca Balor, abuelo de Lug, poseedor de un ojo mágico que mataba a todo aquel que lo mirase. Cómo era imposible acercarse a él, Lug le lanzó una piedra con su honda con tal fuerza que le salió por la parte trasera de la cabeza. Este suceso puso punto final a la guerra. Morrigan dio el grito de la victoria, que fue escuchado en toda Irlanda.

El autor de esta historia hace un curioso recuento de los caídos del bando fomore: $3 + 3 \times 20 + 50 \times 100 + 20 \times 100 + 3 \times 50 + 9 \times 5 + 4 \times 20 \times 1000 + 8 + 8 \times 20 + 7 + 4 \times 20 + 6 + 4 \times 20 + 5 + 8 \times 20 + 2 + 40$. Esto nos da una cantidad de 86.557 guerreros muertos (además de los numerosos sirvientes que les acompañaban).

Los Tuatha Dé Danann permanecieron durante ciento setenta y nueve años en la isla, justo hasta que llegó el siguiente pueblo invasor.

La sexta invasión (Los Hijos de Mil): Partiendo de Escitia, la tribu de los goideles (gaedheal) llegó a la Península Ibérica al mando de Brath, donde combatieron contra los toisona, los bachra y los longbardaid.

Brath tuvo un hijo, Breogán (actualmente se le cita en el himno de Galicia) que venció a todas las tribus, a las que consiguió pacificar *(ganó muchas batallas y combates contra las duras tribus españolas)*. Fundó la ciudad de Brigantia (La Coruña, aunque hubo otras Brigantias) y el faro, que ahora se llama de Hércules. Breogán tuvo 10 hijos, uno de los cuales, Bile, le dio un nieto llamado Golam, que fue educado «en todo tipo de sabiduría» y en las artes de la guerra. Pero este, cuando llegó a la edad adulta, decidió regresar a la tierra de la que partieran sus antepasados.

Y «con cuatro barcos y buenos hombres» partió hacia Escitia, pasando por Gatian (¿Gadir/Cádiz?), las torres de Hércules, Sicilia, los mares Negro y Caspio, hasta llegar a las llanuras escitas, que por entonces estaba gobernada por el rey Reffloir. El recibimiento fue caluroso y el rey quiso que Golam se casase con su hija Seng, con la que

217

tuvo dos hijos: Eremon y Eber Donn. Pero con el tiempo, Golam llegó a gozar de más popularidad que el propio rey, lo que causó la envidia de este, que acabó retándolo a un duelo. Tras vencerlo, Golam se fue con los suyos, incluidos sus hijos, navegando por las costas de Asia hasta llegar a Egipto.

El recibimiento por parte del faraón Nectonebus no fue menor que el que le brindase Reffloir, y también lo casó con su hija Scota. Allí permaneció Golam ocho años, teniendo con su nueva esposa una pareja de gemelos.

Escultura de Breogán, en La Coruña. Este personaje de los tiempos remotos es rememorado actualmente en el Himno de Galicia.

Entonces quiso Golam regresar a su auténtica tierra, junto a los suyos. Embarcaron y llegaron a una Brigantia desierta. Breogán había muerto y las tribus sometidas se habían vuelto contra los goideles. Golam reunió a los supervivientes, refugiados en los bosques y las montañas, e inició la contraofensiva, resultando, igual que su abuelo Breogán, vencedor en todas las batallas, por lo que recibió el nombre de Mil o Miled (que podría significar guerrero, exterminador o vencedor). Y gobernó durante bastantes años, hasta que una enfermedad acabó con él. Después las tribus volvieron a sus habituales hostilidades con más fuerza que nunca, por lo que los sucesores de Golam, sus hijos Emer Donn y Eremon, tuvieron que limitarse a defender los límites de Brigantia.

Entonces, Ith, otro hijo de Breogán, «experto y muy preparado en conocimientos» (sin duda un druida), una noche de noviembre vislumbró de algún modo una lejana isla y hasta ella embarcó junto a algunos hombres. Esa isla era Irlanda, que por aquel entonces se llamaba Inis Ealga y estaba habitada por los Tuatha Dé Danann. Estos ya estaban alejados de las glorias de los viejos héroes de antaño y guerreaban entre ellos una vez que habían acabado con sus enemigos. En la fortaleza de Ailech (en el actual condado de Donegal) encontró a tres reyes que discutían sobre cómo dividirse entre ellos la tierra de un cuarto, que había muerto. Ith les encomió a que depusiesen las armas y que disfrutasen la vida en aquella tierra en que vivían, tan fértil y con buen clima. Los reyes creyeron entender en sus palabras un deseo de conquista, por lo que le tendieron una emboscada cuando regresaba a su barco, de la que resultó mortalmente herido.

Barco Breogán, construido en 1976 al modo de los antiguos currag, con cestería recubierta de cuero. (Museo Arqueológico de La Coruña).

Cuando se enteraron de esa traición, los Hijos de Mil, portadores de la sangre real de Escitia y Egipto, decidieron tomarlo como una declaración de guerra y se dispusieron a invadir la isla. A la primavera siguiente partieron de Brigantia cinco barcos con 40 jefes guerreros, sus mujeres y servidumbre, entre ellos Amergin, hijo de Golam y bardo/druida, que tendrá un papel fundamental en los hechos que ocurrirían a partir de entonces.

Al llegar a la isla, un 1 de mayo (una vez más Beltane), los Tuatha de Danann se hicieron los ofendidos por ese ataque de improviso, por lo que Amergin determinó que se alejarían con sus barcos a una distancia de nueve olas (eso era equivalente a lo que ahora son las aguas territoriales) y después atacarían. Entonces los druidas de los danianos provocaron una tormenta mágica que dispersó los barcos mar adentro. Amergin consiguió parar la tempestad invocando a Erenn, el espíritu de la tierra de Irlanda, con quien se había comunicado con anterioridad.

La invocación de Amergin

Aisliu iath n Erend	*Invoco a la tierra de Irlanda,*
Ermach muir mothuch	*muy bañada por el fértil mar,*
mothach sliabh srethach	*fértil es la montaña plagada de frutas,*
srethach coill ciothoch	*frutas esparcidas por los húmedos bosques,*
ciothach ab essach	*húmedos son sus ríos y cascadas,*
essach loch lionmar	*de cascadas es el lago de profundas pozas,*
lionmar tor tiopra	*profundo es el pozo de la colina,*
tiopra tuath oenaig	*un pozo de tribus es la asamblea,*
aenan righ Temra	*una asamblea de reyes es Tara,*
Temair tor tuatha	*Tara es la colina de las tribus,*
tuatha mac Miled.	*las tribus de los Hijos de Mil*
(texto en gaélico antiguo)	

Con esta oración pagana, Amergin pidió ayuda al espíritu tutelar de la isla (Eriu) y a los elementos naturales, reclamando un lugar para su pueblo, lo cual sería aceptado, ya que no tuvieron apenas dificultades para vencer a los otrora poderosos Tuatha Dé Danann.

Los Tuatha de Danann serían derrotados en Sliabh Mis y en Tailtiu, pasando los supervivientes a vivir en el *sidhe*, algo así como el mundo subterráneo al que se accedía a través de los dólmenes y otro tipo de edificios de la más remota antigüedad que había en las colinas.

Por su parte, los Hijos de Mil quedaron gobernados por los hermanos Eremon y Eber Finn, que no lograron ponerse de acuerdo y se dividieron al personal y a la isla, quedando el norte para el primero y el sur para el segundo.

Tras un año de paz, los hermanos se enfrentaron en Tochtar Eter Da Mhagh, tras lo cual Eremon reinó solo en Irlanda durante quince años. De su estirpe, fueron quienes reinaron durante los ciento cincuenta años siguientes. Los nombres de algunos de los Hijos de Mil han llegado a nuestros días en la toponimia de la isla, como Breg (Mag Breg), Cualu (Cualann), Cuailnge (Sliab Cuailnge), Muirthemne (Mag Muirthemne), Lugaid (Corco Laigde). Aquellos y otros formaron los doce clanes que iniciaron la *saorchlanna* (nobleza irlandesa). El linaje milesio se mantuvo en el Ulster durante novecientos años.

¿Mito o realidad?

Y esta invasión sería la última, ya que no hubo más plagas ni otros invasores (las invasiones vikingas y normandas fueron muy posteriores y muy parciales), por lo que aquellos Hijos de Mil, procedentes de España, serían los antecesores de los irlandeses actuales.

En el siglo XVII, el clérigo Geoffrey Keating escribió en su *Historia de Irlanda*: «Desde España vinieron los *scottos* a Irlanda». Hay que tener en cuenta que los irlandeses migraron a lo que después se llamaría Escocia, donde formaron el reino de Dalriada. La denominación de *scottos* procedería de

Scota, la esposa de Mil, que llegaría a Irlanda acompañando a sus hijos, los primeros reyes milesianos de la isla.

Esto, negado por muchos historiadores durante siglos, parece que toma cuerpo, sobre todo desde que los investigadores del Trinity College de Dublín dieron a conocer, en un artículo publicado en American Journal of Human Genetics, que tanto los irlandeses como los escoceses están emparentados genéticamente con los habitantes de la Península Ibérica, concretamente con los de la zona noroeste. Pero ese vínculo es más lejano de lo que se pensaba y pudiera ser anterior a la Edad de Hierro, remontándose incluso al 2000 a.C. ¿Confirma esto que lo que cuenta el *Leabhar Ghabhála* es algo más que mitología?

Cu Chulainn y
el robo del Toro de Cooley

Con la conquista de Irlanda por los Hijos de Mil termina literariamente el «Ciclo Mitológico». Descendientes suyos serían los protagonistas del «Ciclo del Ulster», donde se narran las historias más dramáticas, épicas o románticas de la literatura céltica: el bravo Cu Chulainn, la maldición de la bella Deirdre, los guerreros de la Rama Roja y tantos otros que forman uno de los sustratos principales de la imaginería céltica que ha llegado hasta nuestros días, a la que sólo hace sombra la leyenda del rey Arturo.

El *Táin* es la manera popular que usan los irlandeses para llamar al *Táin Bó Cuailnge*, o el Robo del Toro de Cooley, considerado como la obra más importante de la literatura medieval irlandesa (transcrita de la tradición oral de los bardos). En este libro aparecen grandes personajes de la época, como el rey Conchobar, el druida Cathbad o la reina Maeve, aunque cabe resaltar por méritos propios al guerrero Cu Chulainn.

La figura de Cu Chulainn fue usada por los monjes cristianos para propiciar la conversión, relacionándolo con Jesucristo, pues ambos eran hijos de un dios y una virgen, vivieron una corta pero intensa vida y su muerte estaba predestinada.
Siglos más tarde, también sería reivindicada por el movimiento independentista irlandés frente a la ocupación inglesa. Prueba de ellos es la estatua (Oliver Shephered, 1916) que se exhibe en las cristaleras de la Oficina de Correos de Dublín.

La trama del *Táin* se desarrolla en un tiempo que podemos situar alrededor del comienzo de la era cristiana, aunque en la obra no aparezcan referencias históricas que la sitúen con más precisión. Aunque de aquella Irlanda sepamos pocos detalles «históricos», sí tenemos a través de esta obra información de muchos elementos de la vida cotidiana:

- La división de la isla en cuatro provincias, Ulad, Connacht, Leinster y Munster, quedando un punto central (Tara) para el *ard ri* o gran rey.

- La preponderancia de la casta guerrera, que aparece en las historias como única protagonista, dejando totalmente de lado a campesinos.

- La importancia de los herreros, a los que se les atribuían conocimientos mágicos para elaborar sus armas y joyas, como Culainn, con suficiente prestigio y riqueza como para invitar al rey Conchobar y su séquito.

- La influencia de los druidas, como Cathbad, Sencha, Ferceirtne o Morann, que viven en Emain, la capital de Ulad, junto al rey, y participan de todos los acontecimientos importantes.

- Las cabezas cortadas del enemigo, coleccionadas y exhibidas por los guerreros.

- El puesto de algunas mujeres que no se conforman con el papel tradicional, como Nessa, que da apellido a su hijo, el rey Conchobar (mac Nessa), la reina Maeve, que se pone al frente de un ejército, o las guerreras Scathach y Aoife, que dan clases magistrales a Cu Chulainn en Escocia, siendo respetadas por todos.

- El combate singular, ya notificado por los cronistas de Hispania o Galia, según el cual se enfrentaban un guerrero de cada bando. En este caso lo hacen en una especie de tierra de nadie: justo en medio del río que sirve como frontera entre las dos provincias.

- La costumbre del *geis* o prohibición que un druida, o a veces una mujer, podía imponer incluso al guerrero más poderoso. La violación de un *geis* suponía el quebrantamiento de una ley, lo que traía tremendas consecuencias que podían ir desde el rechazo social hasta una dolora enfermedad e incluso la muerte.

- El uso de la escritura oghámica, que al parecer se desarrolló en Irlanda (también se han encontrado inscripciones en Escocia y Gales), con textos cortos que podían indicar límites territoriales que podrían incluir serias advertencias al enemigo que los traspasase.

- La creencia en el *sidhe*, donde los dioses y otros seres sobrenaturales vivían en paz y en armonía, y donde algunos humanos podían entrar en determinadas circunstancias.

- La preponderancia de Lugh sobre los demás dioses, tal como debió ocurrir en todos los territorios celtas a juzgar por la cantidad de ciudades que llevaban (y, en muchos casos, aun llevan) su nombre.

- Los presagios de muerte, en este caso en forma de la «lavandera» que ve el héroe en un río cuando se encamina al lugar en que finalmente caerá.

Esta historia se popularizó en la época victoriana, cuando los irlandeses comenzaron a recuperan gran parte de las leyendas del pasado, gracias a la traducción del gaélico al inglés que hizo Lady Gregory, aunque su adaptación sufriese la censura, o autocensura, propia de la época, sobre todo en lo que respecta a algunos caracteres femeninos, como la reina Maeve, «la de muslos amistosos», cuyos hábitos sexuales no resultaban muy acordes con las costumbres sociales de entonces.

226

El hijo de un dios

A pesar de que en la historia de Cu Chulainn puede observarse el trasfondo de la vida cotidiana de aquel período, también está cargada de elementos sobrenaturales (y que seguramente no eran considerados así por sus contemporáneos). Y estos comienzan con el propio nacimiento del héroe, después de que su madre, Degtera, hermana del rey, hubiese desaparecido el mismo día de su boda. Nadie se preocupa excesivamente de aquel hecho, ya que tiene todos los aspectos de haber sido abducida por algún ser del Sidhe, lugar de residencia de los dioses y otros seres mitológicos. Nada se puede hacer contra eso, además de que tampoco se considera como algo negativo.

Degtera aparece cuando está a punto de dar a luz. El padre de la criatura no es otro que Lugh, uno de los pocos dioses célticos que mantuvieron su nombre por todos los territorios y al que deben cantidad de topónimos que aun perduran. El niño recibe el nombre de Setanta y vivirá con sus padres físicos en la llanura de Muirthemne.

El joven guerrero

Alguien de esas características estaba llamado para realizar grandes hazañas guerreras y sin tener que esperar los acontecimientos que habituales para gente «normal». Así que, a la edad de siete años, cuando es consciente de que existe una ciudad donde vive el rey rodeado de los mejores guerreros de Ulad, le entra el irresistible deseo de ponerse en marcha, sin que sus padres traten de disuadirlo; bien saben ellos que no deben (ni pueden) influir en el destino de alguien así.

The boy Cúchulainn hears the druid say "If a warrior takes up arms for the first time t this day his name will endure in Ireland Forever."

Una vez instalado en Emain, junto a los otros niños hijos de los guerreros que están al servicio del rey Conchobar, un druida vaticinó grandes aventuras y una vida corta para quien ese día tomase las armas; lo cual a él le pareció perfecto a Cu Chulainn.

Cierto día, por llegar tarde a la invitación del herrero Culain, tiene que enfrentarse a su temible perro guardián. Lejos de asustarse, se enfrenta a él y consigue matarlo. Cuando los invitados de Culain salen de la casa, se quedan asombrados por la fuerza y el valor del niño, pero el herrero está consternado. Quería mucho a aquel perro, que además defendía sus propiedades. Setanta le da la solución: que busque un cachorro al que pueda adiestrar y mientras tanto él hará las funciones de guardián. Desde entonces será conocido como Cu Chulainn, el Perro de Culain.

Las guerreras de Alba

Algunos años más tarde ya es un héroe reconocido por los mejores guerreros de Ulad. Pero aun le falta el toque de excelencia. Por eso es mandado a Alba, justo a la costa oeste de la actual Escocia, donde hay algo que podría llamarse escuela de guerreros, al mando de mujeres, a las que acuden quienes quieren aprender a encauzar la fuerza bruta que los eleve por encima de los demás combatientes.

La primera en enseñarle el arte de la guerra será Scathach. Durante su entrenamiento conoce a otro guerrero de Irlanda con un nivel similar al suyo: Ferdiad, con el que entabla una férrea amistad; hacen juramento de no atacarse nunca entre ellos.

Después se puso en manos de otra guerrera, Aoife, que le enseña técnicas superiores. Algunas tienen nombres que recuerdan a las artes marciales de oriente: *el pez saltarín, la proeza del manzano*… A este tipo de entrenamiento no acudía cualquiera. Era un proceso de transformación en el que la disciplina y el control mental y físico eran esenciales para alcanzar las máximas destrezas.

La reina Maeve

Al sur de Ulad estaba la provincia de Connacht, donde reinaban Aillil y, sobre todo, Maeve. Esta reina, por envidia ante las propiedades de su marido, que superan las suyas únicamente por un toro de cualidades excepcionales (cada día dejaba preñadas a 50 vacas, su orina mataba la mala hierba, su mugido tranquilizaba a los niños inquietos), decide adquirir uno similar que tienen en Ulad. Ante la humillación que le supone la negativa de su dueño, decide organizar un ejército para invadir esa tierra.

Los *ulaid* estaban por aquella época sujetos a una terrible maldición. Años atrás, una tal Macha, encarnación de una diosa guerrera, maldijo a todos los hombres de la provincia a tener dolores de parturienta cada vez que su tierra estuviese amenazada. De esta maldición sólo se libraban los druidas, que no participaban en guerras, y Cu Chulainn, debido a su carácter semidivino. Así que es a él a quien corresponde la misión de defender Ulad.

Lo hará en el vado de un río, donde cada día tiene que batirse en combate singular con un guerrero del otro bando. Los días pasan y las victorias del héroe se suceden, pero el esfuerzo y las heridas pasan factura, hasta el punto en que tiene que ser su padre, el dios Lugh, quien tome un cuerpo similar al suyo y acuda en su lugar mientras él se recupera.

La reina Maeve, viendo que así no podrá invadir Ulad, hace llamar a Ferdiad y le obliga a luchar contra aquel con quien años antes hiciese un pacto. Los dos siguen estando muy igualados, pero al tercer día Cu Chulainn logra herir mortalmente a su amigo. Es una victoria que le llena de tristeza.

Mientras la guerra se resuelve a favor de Ulster, los toros protagonistas involuntarios del comienzo de la misma, se encuentran en medio del campo y deciden hacer su propia guerra, muriendo ambos. La excusa inicial no era grande, pero el resultado final lo vuelve todo ridículo, a no ser que se tenga en cuenta que aquella era una sociedad guerrera, y que, como tal, la guerra era una condición natural que no precisaba demasiadas excusas.

Se han conservado en Irlanda bastantes historias basadas en un táin, *robo de ganado:* Táin Bó Froích, Táin Bó Dartada, Táin Bó Regamna, Táin Bó Erc, Táin Bó Flidias, Táin Bó Munad, Táin Bó Ruanadh, Táin Bó Sailin, Táin Bó Aingen. *Pero solamente el* Táin Bó Cúalnge *es considerado como «el Táin».*

Una muerte de héroe

Pasan los años y al héroe le llega la hora. Como corresponde a alguien de su categoría, debe morir con la espada en la mano. Queda herido en un enfrentamiento con varios guerreros, pero no quiere que su cuerpo caiga al suelo. Así que se ata a un pilar de piedra; sus enemigos no se atreven a acercarse hasta que un cuervo se posa en su hombro. Sólo entonces la espada de Cu Chulainn cayó al suelo.

Entonces, uno de los guerreros le corta la cabeza. no hay en toda Irlanda un trofeo más valioso que ese. A Connall, el mejor amigo de Cu Chulainn, correspondió la misión de vengarlo y recuperar su cabeza. La noche en que se celebraron los funerales, se escuchó la música del *sidhe*.

Tercera parte

Anexos

1

Idioma y escritura

El idioma céltico se dividió en dos ramas principales, a las que los historiadores llaman celta Q o goidélico y celta P o britónico. El Q, podría considerarse como el más cercano al original y fue el gaélico de Irlanda, trasladado posteriormente a Escocia y la Isla de Man. Se supone que también fue el céltico hablado en Celtiberia. Sigue presente en Irlanda y Escocia (en la Isla de Man se perdió).

El celta P cambió aquella Q, o C, por la P. Fue el hablado en Galia y Britania (y seguramente entre los celtas de las actuales Italia y Turquía), y se encuentra actualmente presente en el bretón (Bretaña francesa), córnico (Cornualles) y galés (País de Gales).

Un ejemplo típico de estos cambios es el término «hijo de»: *mac* en el primero, *map* en el segundo. Con el tiempo, cada dialecto céltico evolucionó al mismo tiempo que su gente, hasta el punto de llegar a ser ininteligibles entre ellos.

Los celtas históricos, cuando entraron en contacto con pueblos que usaban la escritura, como los etruscos, los griegos o los iberos, acabaron adoptándola para ciertos tipos de documentos mercantiles o legales.

Respecto a la escritura, al contrario de lo que ocurría en la Galia, donde los druidas no permitían que se escribiesen las enseñanzas druídicas, y no desarrollaron ninguna forma de escritura, en Irlanda, Escocia y Gales se usó un alfabeto celta autóctono, llamado *ogham*, que se escribía por medio de incisiones o rayas sobre una línea central. Y puede que los textos fuesen muy esquemáticos, ya que representarían conceptos ampliamente conocidos que no precisaban la inclusión de todas las letras. Su invención se atribuye a Ogma, dios irlandés de la elocuencia y de los druidas.

Lo conocemos por las 300 inscripciones en piedra que se han encontrado, aunque estas son de una fecha muy tardía, ya en plena etapa de cristianización. Antes se debió usar solamente en materiales perecederos, tal como se refleja en antiguos textos, donde era utilizado principalmente en mensajes cortos para amenazar al enemigo o para su uso en conjuros. Algunas crónicas cristianas citan la quema de «libros de druidas», que bien pudieran las «varas de *filidh*» o textos oghámicos sobre corteza de abedul o ramas de avellano que se archivan en las *tech strepta* o bibliotecas de la Irlanda antigua.

Detalle de una piedra oghámica. (Irish Heritage, Wexford, Irlanda).

Aunque es posible que también se escribiesen libros en el sentido que normalmente tenemos de esta palabra, como puede desprenderse de la prueba a que sometió el rey Laogaire a san Patricio: echar al agua uno de sus libros sagrados y otro de los druidas. El que aun pudiera leerse después sería el «poseedor de la verdad».

No siempre se escribía con ogham mensajes «normales», también tenía una manera secreta, una especie de maquina *Enigma* formada por tablillas *(peythinen)* metidas en un bastidor de las que había que saber en qué orden colocar para poder leer mensaje críptico, que a su vez había que saber cómo interpretar. También es posible que los druidas utilizasen para algunos rituales signos similares a las runas, aunque bien pudieran ser los que ya estaban en los petroglifos de la Edad de Bronce que les precedió. Por otro lado, estos también guardan similitudes con los signos etruscos o iberos que adoptaron los celtas de la Galia Cisalpina y Celtiberia.

Los *filidh* también usaron el alfabeto oghámico como uno más de sus métodos adivinatorios. Para eso estaban los *coelbreni*, unas varillas de tejo con inscripciones que eran tiradas al aire para ser después interpretadas.

Es frecuente encontrar textos actuales donde se relacio na el *ogham* con los árboles, pero no todos los historiadores del celtismo se muestran de acuerdo con esto. De ser cierto, cada letra tendría su correspondencia con un tipo de árbol (ocho árboles nobles, ocho plebeyos y ocho arbustos), lo cual a su vez enlazaría con el zodiaco celta, en el que las constelaciones serían sustituidas por los meses con nombre de árbol; esto aportaría ciertas características a los nacidos en según qué mes-árbol.

Pero los irlandeses, y por extensión los escoceses, no fueron los únicos en usar la escritura. Los celtas de Golasecca, al norte de Italia, desarrollaron otra escritura basada en los caracteres de sus vecinos del sur, los etruscos. Los galos, para llevar ciertas cuentas públicas, usaban el griego. Y así hasta la romanización, cuando se adoptó en todas partes la escritura latina. Ya en esa época, en Britania se hacían las *defixion*, láminas de plomo con una maldición escrita en latín, que se echaba a las aguas de un manantial para que la diosa Sulis accediese a causar algún daño.

En Celtiberia se usó el alfabeto íbero, en el que se mezclaban caracteres monofonéticos (una sola letra) y silábicos (dos letras) y en el que faltan algunos sonido. Estas características curiosamente también se dan en el idioma vasco. En este territorio se usó principalmente para hacer tratados y pactos.

Palabras celtas que perduran

En el idioma español han quedado algunas palabras celtas, como manteca, perro, barro, gordo, barranco, otero... También otras con muy poca transformación, como camisa (camisia), cerveza (cerevisia), carro (carrus), carpintero (carpentarius), palangana (palancrana), jabón (sapon), techo (tech), vasallo (vasallus) o legua, medida de longitud que perduró en el mundo rural español hasta mediados del siglo XX (lecua).

Aunque para los celtas la «palabra de honor» era sagrada y, por lo tanto, una garantía de que se cumpliría lo prometido, algo debió ocurrir para que fuese necesario el dejar estos asuntos por escrito. En cualquier caso, la convivencia en aquel territorio de tal diversidad de pueblos y tribus hizo necesario el establecimiento de documentos políticos o comerciales.

Tal vez el texto celtibérico más famoso sea el «bronce de Botorrita», un texto jurídico encontrado en Contrebia Belaisca (Zaragoza) que deja constancia de un acuerdo entre los representantes de 14 comunidades acerca de campos y caminos: *Con el fin de evitar usurpaciones de caminos y terrenos comunes y delimitar la correcta extensión de las tierras...* Está fechado en torno al 100 a.C.

También se usó el alfabeto íbero, y más tarde el latín, en las teseras, pequeñas placas de bronce con una inscripción en la que dos partes (personas o poblados) establecen un pacto de hospitalidad. Suelen tener la forma de un animal o de una mano derecha, aunque también las hay de rasgos geométricos. Al ser las dos partes idénticas, cada partícipe se quedaba con la suya. (Tésera con forma de jabalí encontrada en Uxama, Soria).

2

Nombres celtas

Nombres femeninos y masculinos

Nombres femeninos

Aigneis, Pura
Aileen, Luz
Ailla, Hermosa
Arranz, Plata
Bahee, Vida
Banallen, Capullo
Berlewen, Venus
Beryan, Regalo
Blaanid, Lozana
Blejan, Flor
Boudicca, Victoria
Breaca, Pecosa
Bree, Noble
Brenna, Cuervo
Bryleun Rosa
Cara, Amiga
Cartamandua, Pony zalamero
Collen, Avellana
Conwenna, Perra Blanca
Elestren, Iris
Elowen, Olmo
Granna, Sol
Kerensa, Amor
Keyn, Bella
Lowenna, Alegría

Nombres masculinos

Aedh, Fuego
Angus, Fortachón
Ansgar, Guerrero
Anyon, Yunque
Artos, Oso
Bidevan, Halcón
Blyth, Lobo
Bran, Cuervo
Brytthael, Generoso
Buduoc, Victorioso
Carrow, Ciervo
Ciaran, Oscuro
Collen, Avellano
Connaghyn, Caraperro
Corcan, Corazón
Cuilliok, Adivino
Cunobelin, Perro de Bel
Cuvel, Perro
Donnotauros, Toro Pardo
Eboros, Tejo
Golvan, Gorrión
Gorlas, Puro
Gorthelyk, Amado
Gwennarth, Oso Blanco
Gwri, Pelo Dorado

Melwyn, Miel Blanca
Melyonen Violeta
Metheven, Junio
Morveren, Doncella del Mar
Myghin, Piedad
Nessa, Segunda
Rigantona, Gran Reina
Rozenwyn, Rosa Reluciente
Sevi, Fresa
Sirona, Estrella
Tegan, Linda
Tersa, Tercera
Vorgell, Mar Resplandeciente
Zethar, Gaviota

Kene, Poderoso
Kerron, Negro
Kunagnos, Sabio
Lonan, Mirlo
Lovernios, Zorro
Madron, Afortunado
Marrek, Jinete
Mores, Vigoroso
Oran, Nutria
Ryalbran, Cuervo
RealSilyen, Sol Naciente
Talwyn, Carablanca
Weylyn, Hijo del Lobo
Winwaloc, Lobo Blanco

NOMBRES CELTÍBEROS

Estos nombres, todos masculinos, figuran en estelas, bronces, téseras…

Abulos
Antiros
Azas
Bintis
Caltaicicos
Lasticos
Lubos
Monitucos
Paterno
Saileticos
Segisamo
Turres

Alizos
Aravo
Barausanco
Bistir
Elatunako
Letontu
Lugovibus
Nemaios
Rectugeno
Segeios
Tritanos
Useisu

Ambatus
Avalo
Bescu
Boddo
Iroregios
Luanico
Melmu
Oton
Saigios
Segilaco
Tureno
Useisunos

3

Finisterres

La cultura celta se fue perdiendo, tanto por la doble influencia de Roma y las invasiones de otros pueblos como por la supresión a la que fue sometida por los estados centrales de los distintos países en que quedó enclavada. Las distintas modas que se fueron imponiendo sucesivamente a lo largo de los siglos excluía todo aquello que el celtismo representaba, convertido en cosa de campesinos ignorantes. La mayoría de los habitantes de los antiguos territorios celtas llegaron a ignorar por completo que en el pasado de su tierra hubo una compleja cultura con un elaborado sistema de leyes y con una riqueza literaria muy superior a las de quienes la anularon.

Lo céltico tuvo que disfrazarse; los símbolos quedaron encapsulados en cuentos infantiles, entre imágenes de la nueva religión, en la música popular, en costumbres que se mantuvieron en las áreas rurales, en abalorios como símbolos de buena suerte.

Afortunadamente tenemos la excepción entre los monjes irlandeses y galeses medievales, que amaban lo suficiente a su tierra y a sus ancestros como para escribir las historias que desde niños habían escuchado en torno a la lumbre.

¿Cuantas historias como estas se han perdido para siempre en los territorios que fueron celtas? Seguro que muchas.

243

Por eso hemos de estar agradecidos a aquellos pacientes monjes irlandeses que iluminaron la «edad oscura» en la época en que los viejos dioses y los legendarios héroes cambiaron de nombre y de moral y fueron puestos al lado de Dios o de Satán, según las circunstancias.

Claro que incluso aquellas obras también llegaron a olvidarse. En las aldeas más aisladas quedó el recuerdo de rituales medio comprendidos que acabaron transformados en supersticiones populares, también el uso de las hierbas medicinales y el recuerdo de los viejos buenos tiempos o el sueño de lo que pudo haber sido y no fue.

Las *Baladas de Ossian*, recreadas por el poeta escocés James Macpherson a mediados del siglo XVIII, supusieron un nuevo hito en el largo y tortuoso camino del celtismo, algo similar a la recuperación del ciclo artúrico cuando fue retomado por Geoffrey de Monmouth o Chrétien de Troyes siglos antes. Algún tiempo después harían lo propio Iolo Morgannwg y Lady Charlotte Guest, en Gales, Hersart de la Villemarqué, en Bretaña, y los irlandeses Lady Gregory, Yeats, Sygne, Ferguson (compañeros de estudios en el Trinity College y miembros del Movimiento Literario Irlandés) retomaron las viejas leyendas, traduciéndolas y muchas veces adaptándolas a la condiciones que su país vivía en esos momentos. Todos ellos penetraron en los sueños de los viejos bardos y en la esencia de los brumosos bosques y de las largas horas en torno a la hoguera, haciendo girar la *roth fáil*, la rueda de la vida, hasta el siguiente punto.

Aquellas corrientes romanticistas supusieron una bocanada de aire fresco en medio de unos valores estancados que se quedaban caducos. Cada pueblo echó la vista atrás despertando a dioses y héroes y tratando de recuperar la inocencia de los orígenes, en muchos casos más una idealización de un deseo que una realidad histórica. Todo esto aportó una nueva identidad a la que agarrarse en un mundo al que le faltaba idealismo y le sobraba racionalidad. A todo le llega su tiempo. Ahora había nuevas viejas tribus a las que pertenecer y los artistas tenían nuevos sueños que soñar.

Otra seña de identidad fue la recuperación o revalorización de las lenguas gaélicas: bretón, córnico, galés, manés, escocés e irlandés. Cada una de ellas evolucionada de manera distinta, todas tratando de sobrevivir como lenguas secundarias y minoritarias, tras haber sido silenciadas o prohibidas en otros tiempos. Todo esto permitió la supervivencia, de igual modo que otros pueblos no consiguieron saltar el listón que les puso delante algún pueblo o cultura posterior que acabó engulléndolos o aplastándolos. Pero el espíritu celta ha pervivido incluso en el ánimo de pueblos y gentes que ya poco o nada tienen que ver «físicamente» con los celtas históricos, como si los eslabones de la cadena sobrenatural de la historia fuesen más sólidos que los de la cadena material del ADN y del Rh, que, al fin y al cabo, sólo pueden transmitir características físicas.

El los países con tradición de lengua gaélica se han ido creando los Eisteddfod y los Gorsedd, asambleas periódicas de neodruidas o poetas y escritores al estilo bárdico, intentando revivir unas ceremonias que en gran medida han tenido que ser inventadas.

En los últimos tiempos, la música celta e internet han supuesto el nuevo soplo de vitalidad a una cultura que casi da la impresión de no morir nunca, como si de vez en cuando se retirara a un Avalon del que regresa cuando llega el momento oportuno.

Neodrudia haciendo un ritual con la queimada, *bebida popular de Galicia.*

¡Quién sabe qué música hacían los celtas históricos! Pero hoy en día es tan celta una vieja muñeira gallega tocada por Carlos Nuñez como una moderna pieza evanescente en la que la irlandesa Enya duplica veinte veces su propia voz. O una tonada tradicional interpretada al arpa por el bretón Alan Stivell, como un rock cantado en gaélico por los esco-ceses Runrig.

La globalización nos empuja hacia un mundo hecho a imagen y semejanza de quienes la crearon, y el celtismo vuelve a ser otro asidero, como lo fue en tiempos de la re-volución industrial, al que agarrarse para no dejarse arras-trar por la corriente, o al menos para crear un espacio lo suficientemente grande que permita cierta autonomía y poder hacernos la ilusión céltica de que somos libres.

Pero el pasado no se recupera. Se estudia, se admira, se odia, pero no se recupera. Los celtas eran un todo con su medio ambiente y sus circunstancias. Pero si se puede recuperar la esencia, y gran parte de ella está en las leyendas o en las fiestas populares que salpican la geografía veraniega de gran parte de Europa o los lugares donde la emigración llevó a los descendientes de los celtas. En cuanto a la música, sin duda aun resuenan ciertas sonoridades que un celta histórico reconocería, pero, no nos engañemos, lo que normalmente se considera en Europa como música folclórica, apenas tiene dos o tres de siglos de antigüedad. Posiblemente sea las nanas, cantos de boda o similares los que mejor hayan resistido el paso del tiempo, con la inevitable tergiversación para adecuarlos a lo correcto de cada época, ya se por presión religiosa, social o política.

Lugh fue el dios celta más universal; incluso el famoso camino de Santiago recibió en tiempos prehistóricos su nombre, ya que estaba bajo la Vía Láctea, a la que se le llamaba la Cadena de Lugh. Por aquellos tiempos ya había peregrinos, que iban hasta Fisterra (que los romanos llamaron Promontorium Celticum), *el extremo más occidental del continente europeo. (Cabo de Fisterra, Galicia)*

Aunque es en los antiguos territorios de Céltica, sobre todo esos finisterres (algunos con nombres tan expresivos como el *Land's End* de Cornualles, el *Pointe du Raz* de Bretaña o la *Costa da Morte* de Galicia), donde quedaron confinados por propia voluntad o bajo la presión de otros pueblos, permanecen encendidas las llamas del recuerdo milenario, donde más arraiga la nostalgia por los tiempos que fueron y los que podrían haber sido si la historia hubiera corrido por otros derroteros. En muchos casos, también hay que tener en cuenta que el pasado se observa a través de una visión trasformada por las lágrimas, con lo que se puede llegar atribuir cualidades anacrónicas a un tiempo en el que había otra forma de pensar y los acontecimientos estaban en función de la supervivencia diaria, y en el posiblemente muy pocos de los que vivimos en el mundo actual podríamos sobrevivir.

4

Bibliografía

Celtas en Asturies. Alberto Alvarez Peña. Picu Urriellu – 2002.

Celtas. Mitos y leyendas. Timothy R. Roberts. Libsa – 1997.

Celtiké. Historias y leyendas celtas ibéricas. M. D'Obrheravt. Edicomunicación – 2002.

Druidas. El espíritu del mundo celta. Peter Berresfors Ellis. Oberon – 2001.

El cristianismo celta. Jean Markale. José Olañeta – 2001.

El legado celta. J. García Font. MAR – 1998.

El libro celta de la vida y la muerte. Juliette Wood. RBA – 2002.

El libro de los celtas. Pedro Palao Pons. Robinbooks – 2001.

El libro de los druidas. Ross Nichols. RCR Ediciones – 1997.

El misterio de los druidas. Ward Rutherford. Martínez Roca – 1994.

El mundo de los celtas. Simon James. Blume – 2005.

El pueblo de la niebla. Suso de Toro. Aguilar – 2000.

Gargoris y Habidis. Fernando Sánchez Dragó. Argos Vergara – 1978.

La Europa de los celtas. Christiane Eluere. Ediciones B – 1999.

Leyendas celtas. Ramón Sainero. Akal – 1990.

Los celtas y la civilización celta. Jean Markale. Taurus – 1992.

Los celtas. Manuel Yánez Solana. ME editores – 1996.

Los celtas. Teresa de la Vega. Akal – 2000.

Los mitos celtas. Pedro Pablo G. May. Acento – 1997.

Misterios celtas. La antigua religión. John Sharkey. Debate – 1975.

Mitología celta. David Bellingham. Optima – 1997.

Sabiduría celta. Marcus Sheridan. RBA – 1998.

Viriato. La lucha por la libertad. Mauricio Pastor Muñoz. Aldebarán – 2000.

FICCIÓN

Boudica, la reina guerrera de los celtas. Manda Scott. Edhasa – 2005.

Las Brumas de Avalon. Marion Zimmer Bradley. Salamandra – 2000

El druida de César. Claude Cueni. Suma de Letras – 2003.

El druida. Morgan Llywelyn. Martínez Roca – 2004.

El rey druida. Norman Spinard. Planeta – 2004.

La Tierra de los Muertos. Manuel Velasco. Libros en Red – 2003.

El último soldurio. Javier Lorenzo. Planeta – 2005.

La voz de Lug. Toti Martinez de Lezea. Maeva – 2005.

Otros títulos de la colección

Juan Antonio Cebrián presenta la Breve Historia de…

Breve Historia de los Gladiadores
Daniel P. Mannix

Descubre la historia real del Circo Romano y los míticos luchadores que combatían a muerte.

En las escuelas de gladiadores, prisioneros de guerra, fugitivos o delincuentes se adiestraban en las técnicas de la lucha a muerte, se enfundaban sus armaduras y se lanzaban a la arena para conseguir gloria o muerte. En medio de un estruendoso clamor los más diestros gladiadores aplastaban a sus contrincantes bajo sus carruajes, los mutilaban certeramente con sus espadas o luchaban desesperadamente con hambrientas bestias salvajes.

Breve Historia del Rey Arturo
Christopher Hibbert

Descubra las hazañas del héroe real en las que se basa la leyenda del Rey Arturo y los Caballeros de la Tabla Redonda.

La **Breve Historia del Rey Arturo** nos narra la leyenda y la realidad de uno de los romances medievales más importantes de la Europa occidental: El mítico *Rey Arturo*, que unifica los reinos de Inglaterra y hace retroceder a los invasores sajones, persiguiéndolos hasta el continente. Junto a su mujer Ginebra, ejerce su reinado en la magnífica ciudad de Camelot, donde reúne alrededor de una inmensa mesa redonda a formidables caballeros: Gauvain, Kay, Percival, Lancelot, Tristán…

Breve Historia de los Samuráis
Carol Gaskin y Vince Hawkins
Reviva la aventura de los temibles guerreros Samuráis, sus secretos, sentido del honor y extraordinario dominio de las artes marciales.

Los legendarios Samuráis del Japón feudal son míticos mercenarios cuya fama de guerreros invencibles de honorable disciplina les ha hecho protagonistas de innumerables libros y películas de gran éxito. Desde siempre el mundo de los Samuráis fascina y sorprende. La **Breve Historia de los Samuráis** relata con rigor la realidad histórica, las aventuras y secretos de estos temibles «caballeros del código Bushido».

Breve Historia de Alejandro Magno
Charles E. Mercer
Vida y hazañas del valiente y despiadado rey, el mejor estratega militar del mundo antiguo.

Breve Historia del Antiguo Egipto
Juan Jesús Vallejo
Un viaje apasionante por la civilización de los dioses y faraones del Nilo.